# 基于核心素养的数学教学

赵红婷 / 著

JIYU HEXIN SUYANG DE SHUXUE JIAOXUE

江蘇鳳凰教育出版社
Phoenix Education Publishing, Ltd

**图书在版编目（CIP）数据**

基于核心素养的数学教学 / 赵红婷著．—南京：江苏凤凰教育出版社，2017.4

ISBN 978-7-5499-6395-9

Ⅰ.①基… Ⅱ.①赵… Ⅲ.①小学数学课—教学研究 Ⅳ.①G623.502

中国版本图书馆 CIP 数据核字（2017）第 091987 号

**书　　名**　基于核心素养的数学教学
**作　　者**　赵红婷
**责任编辑**　雷利军　李媛媛
**出版发行**　江苏凤凰教育出版社（南京市湖南路 1 号 A 楼　邮编 210009）
**苏教网址**　http：//www.1088.com.cn
**照　　排**　北京世纪鸿文制版技术有限公司
**印　　刷**　三河市九洲财鑫印刷有限公司
**厂　　址**　河北省三河市灵山大口
**开　　本**　787 毫米×1092 毫米　1/16
**印　　张**　14
**字　　数**　222 千字
**版　　次**　2017 年 10 月第 1 版　2017 年 10 月第 1 次印刷
**书　　号**　ISBN 978-7-5499-6395-9
**定　　价**　35.00 元
**网店地址**　http：//jsfhjycbs.tmall.com
**邮购电话**　025-85406265，85400774　短信　02585420909
E - mail　jsep@vip.163.com
**盗版举报**　025-83658579

# 自　序

——留给学生一生有用的东西——

2015年以来，关于核心素养的讨论成为教育界的热点。对此，《人民教育》2015年第11期的“编者按”这样说：“看似偶然，其实必然……由传统知识结构为核心转向以素养发展为核心的过程，其中蕴含的是人类自身发展的心路历程。它的发展暗含着某种规律。规律，等待我们去揭示和反思。”这在一定程度上表明，关注核心素养已经成为当前和今后一段时间内深化教育教学改革的方向，但是理论认识和行走路径尚不清晰，还需要我们不断地摸索、探寻、反思和建构。成尚荣先生说：“要从基础教育课程改革的经验总结和深度反思中，吸取丰富的营养，获得重要启示。”这句话落实到教师个体的层面，就是要从自己多年的实践土壤中孕育出更好的核心素养生长生态。

作为数学教师，近年来，我们尝试结合儿童本位角度来推进数学核心素养研究，实现二者的积极呼应与深度融合。客观地说，儿童本位的教学理念和核心素养培养存在着高度的关联性和一致性。儿童本位，既是一种思想，又是一种策略，其本质就是遵循教育规律和人的全面发展规律，追求最适切的、最大效益的育人功能。儿童本位之于教育的意义，是对人的发展规律的遵从，是对教育如何培养人、培养什么样的人的本质探寻。

如何把儿童本位教学主张与数学核心素养培养有机融合呢？这是我们一直在思考的问题。众所周知，培养学生的数学核心素养，必然会推动课堂教学方式的变革。针对传统的“教为主导”课堂，我们提出“学为主导”课堂。“学为主导”是指教学以学生的学习为主导，教学任务的设计、展开、延伸均由学生的学习状况来决定，能最大限度地发挥学生的主体作用。为了有效、高效、优效地开展课堂中的师生协同学习，课堂中的每个人都得做好准备——备学。备学，是指学生对即将开始的新学习活动做热身运动，尽可能地回忆、收集、整理与新学习活动相关的知识经验、生活经验、思维经验，从而产生疑惑和问题，以激活求知的欲望，为新学习活动做好充分准备。课堂上，教师向学生学习后协同学生学习；学生向同伴学习、交流备学成果后协同同伴解决问题；一个问题解决后产生几个新问题，几个新问题可以归纳为一个课堂学习新目标……“学为主导”的课堂学习，已经不仅仅是习得知识的过程，更是师生共享生命的过程。

如果说，备学更多涉及学习方式变革，为培养学生数学核心素养搭建了一个学习平台。那么，从数学学科本身来看，培养核心素养的切入点在哪里呢？众所周知，数学教育的最终目标，是让学生用数学的眼光观察现实世界，用数学的思维分析现实世界，用数学的语言表达现实世界。柳夕浪先生精选了六个核心素养：数学抽象、逻辑推理、数学建模、运算能力、直观想象、数据分析。虽然方向逐渐明了，但对一线教师而言，这些数学素养依然是抽象而上位的。该怎样去操作并落实呢？很多时候，我们依旧是茫然的。

那日，读到南京大学郑毓信教授的一番话，我突然有些豁然开朗，郑教授说：“数学学习的一个主要价值就是有利于人们思维方式的改进，并能使人们逐步学会更清晰、更合理、更深入地思考问题。”的确，对当下教育而言，重要的不是培养有知识的人，而是培养会思考、有智慧的人，为学生留下一生有用的东西。因此，思维是数学能力之“核”，也是数学素养之“魂”！无论过去、现在，还是将来，数学课堂都应该基于思维去教，围绕思维去学，让学生获得良好的思维启迪，能自觉地用数学的思维方法去观察、分析社会，解决现实问题，进而提升学习质量、生活质量乃至人生境界。



叶圣陶先生曾深刻地指出：“请老师们时刻想到，学生跟种子一个样，有自己的生命力，老师能做到的，只是供给他们适当的条件和照料，让他们自己成长。”的确，教师无论怎样去设计和构想，总有主观和理想化倾向。学习历程中，凭借学生自身力量获得的东西才是最牢靠的、受用一生的。教学的艺术不在于展示教的本领，而在于促成学的精彩。在备学实验中，我们常常为学生独特的思维表现所叹服，学生的精彩表现比教师的更重要！带着这样的理想和信念，我们会坚持走下去！虽然教育的理想境界遥不可及，但为了要留给学生终身有用的东西，我们将用一生的时间去求索！

# 目 录 Contents

# 第一章

## 核心素养——当代基础教育的DNA

当前，“核心素养”是一个非常热门的概念。试想，有了党的教育方针，有了素质教育，有了各学科课程内容与要求，为什么今天还要提出“核心素养”这一命题？“核心素养”的独特研究意义何在？这是每个教育者都应该深入思考的问题。

2014年4月，教育部印发了《关于全面深化课程改革 落实立德树人根本任务的意见》，要求统筹协调各方面的力量，根据学生的成长规律和社会对人才的需求，把对学生德智体美全面发展总体要求和社会主义核心价值观的有关内容具体化、细化，研究制订各学段学生发展的核心素养体系。核心素养被誉为当代基础教育的DNA，创建核心素养体系是社会发展对教育的诉求，同时也顺应了国际教育改革的共同走向。

浙江省教育厅原副厅长张绪培说：“在三维目标基础上提出核心素养，这是对三维目标的发展和深化。核心素养更直指教育的真实目的，那就是育人。核心素养具有中国特色，包括能力、品格。核心素养的提出，对教学下一步的发展，有了更明确的指向。”张绪培还举了这样的例子：有一家浙江民营企业曾提出这样的招聘要求：只招收除了清华大学、北京大学以外学校的学生！这么做并非哗众取宠，而是经过斟酌的，因为他们认为那些学生的实践能力和社会适应能力不强。张绪培指出，孩子今后有没有用，是社会说了算，不是文凭、学历说了算。当今社会企业在招聘时，越来越看重求职者的能力和素养。

谈到高中课程改革时，张绪培说，高中课程改革主要是解决多样化的问题，跟新高考接轨。新高考于2017年在全国实施，之前，上海和浙江先进行试点。课程改革有两个变化。第一个变化：以前的高考是考学生的“短处”，新高考是考学生的“长处”。现在的高中课程要求压缩必修课内容，从以往的84%降到64%，充实选修课内容。第二个变化：新课程改革指向核心素养的培养，即要促使学生具备必备的品格和关键的能力。进而言之，学科核心素养是指这一学科对总素养有什么支撑，意味着这一学科对学生的一辈子打下什么烙印。的确，我们的教育是要给学生留下东西。比如，学历史就要有实证精神，面对历史事件，要有证据才能相信，不能凭印象和感觉。学习历史要有正确的历史观，因为方法论、世界观比具体的知识更重要。事实上，教育的主要目的不是传递知识，而是培养核心素养，为学生留下终身有用的东西。

华东师范大学课程与教学研究所所长崔允漷说：“用简单的比喻来说，落实‘双基’是课程目标1.0版，三维目标是2.0版，核心素养是3.0版。”这一比喻形象生动，课程目标的升级变革历程，正体现了对“人”的价值和潜能更细致入微的关注。

## 第一节　核心素养的价值取向

核心素养的提出，能深化基础教育课程改革，并深入回答“培养什么人、怎样培养人”的问题。

### 一、关注完整的人及人的素养

核心素养的提出，使学校教育从学科知识本位转向关注完整的人及人的素养。学校培养目标和课程目标的具体化，使学校教育上下贯通，左右关联。研制基于核心素养的学业质量标准，建立科学的评估体系，引导着中小学教育从知识教育走向能力教育、素养教育。

### 二、使学科课程与专题教育得到必要整合

核心素养的提出，使自成一体的学科课程、分散的专题教育得到了必要的整合。中小学分科课程一统天下，来自外部的压力有可能促使学科分化的加剧。一方面彼此重复、错位，密度大，容量多；另一方面很少有学科课程对适应未来社会发展和个人终身发展所必备的关键能力和人格品质真正加以关注。核心素养是课程整合的主要依据，或者说是主要的整合点，是我们进一步精选课程内容的主要依据。

“课程整合”无疑是近些年教育界课程改革中的热门词，而由北京亦庄实验小学开创并实践的“全课程”改革，无疑是引领潮流的范本。北京亦庄实验小学原校长李振村这样解释“全课程”：其“官方概念”是以全人培养为目标，以国家课程标准为引领，以项目学习为抓手，以跨学科整合为基本策略，覆盖学校全部生活的综合性课程改革；其“通俗说法”就是让学生学得更饱满，更开放，更有情趣，更接地气。比如，在北京亦庄实验小学“帽子周”主题活动中，所有学科都围绕“帽子”展开教学。语文：收集有关帽子的成语，读童话《魔法师的帽子》；数学：研究帽子的形状，计算帽子的面积；科学：制作帽子；美术：研究各民族帽子的造型，画帽子……最后，全校师生都戴着自己的帽子来到学校举行一场“欢乐帽子大 PARTY”。

### 三、使各学科课程教学再定位

核心素养的提出，使各学科课程教学再定位，进一步提升育人价值。一方面进一步明确了学科本身所涉及的基本素养，另一方面关注跨学科素养的培养，打破了学科的固有边界。比如，语文学科教学不只关注对语言文字的感知、理解与运用，还关注与之密切联系的思维发展、审美体验与文化传承。

在新一轮基础教育课程改革中，迎接课堂转型的挑战，难以绕过“核心素养”这一重要问题。因为学校教育是面向未来的事业，国民核心素养的培养是至高无上的课题，核心素养指导、引领着中小学课程改革实践。没有核心素养，改革就缺少灵魂。建构核心素养体系，对于提升我国人才培养质量、提高国家核心竞争力具有重要意义。因此，中小学各学科教学都应聚焦核心素养。



## 第二节　核心素养的认识现状

目前，众多国家把强调国民核心素养的课程视为国民教育发展的基因，而寻求国民教育基因改造的关键就是学力模型研究。法国的“共同文化”，德国的“关键能力”，美国的“核心知识”，日本的“基础学力”，国际学生评估项目中的语文素养、数学素养、科学素养等研究，都是学力模型研究的适例。近年来，国际社会已出现了学力模型研究的若干典型案例。

### 一、五大支柱说

联合国教育、科学及文化组织于2003年强调，核心素养的培育需要终身学习，终身学习也需要核心素养。终身学习的五大支柱即素养彼此关联，同时涉及生命全程与各种生活领域：学会求知，包括学会如何学习，提升专注力、记忆力和思考力；学会做事，包括职业技能、社会行为、团队合作、创新进取、冒险精神；学会共处，包括对自己和他人的认识能力、同理心和实现共同目标的能力；学会发展，包括促进自我实现、丰富人格特质、多样化表达和遵守承诺；学会改变，包括接受改变、适应改变、积极改变和引导改变。

### 二、关键能力说

经济合作与发展组织于2005年提出，知识社会要求人们具有三种关键能力：第一种关键能力是交互地运用社会、文化、技术资源的能力，包括运用语言、符号与文本互动的能力（如国际学生评估项目中的阅读素养、数学素养），运用知识、信息互动的能力（如国际学生评估项目中的科学素养），运用科技互动的能力。第二种关键能力是在异质社群中进行人际互动的能力，包括同他人建构和谐人际关系的能力、团队合作能力和管理与解决冲突的能力。第三种关键能力是自立、自主地行动的能力，包括在广泛脉络情境中行动的能力，设计并执行人生计划、个人计划的能力，表达并维护权利、利益的能力，承担责任的能力，限制需求的能力。

### 三、八大素养说

欧洲联盟于2005年发表的《终身学习核心素养：欧洲参考架构》正式提出了终身学习的八大核心素养：母语沟通，外语沟通，数学能力及基本科技能力，数位能力，学会如何学习，人际、跨文化与社会能力及公民能力，创业家精神，文化表达。同时提出了贯穿于八大核心素养之中的共同能力，如批判性思维、创造力等。

## 第三节　核心素养的概念探索

日本学者恒吉宏典等主编的《授业研究重要术语基础知识》指出，核心素养是指学生在学校教育的学习场所习得的，以人类文化遗产与现代文化为基轴而编制的教育内容，以生存于生活世界的学习者在学习过程中所形成的关键能力作为内核。

教育部基础教育二司课程发展处的柳夕浪教授指出，素养为素质中可培养、可教化、可测评的部分。中文中，素养指“平日的修养”，包含情感、价值、道德内容。其拉丁文词根可被理解为“认知觉察”与“责任”。

核心素养具有共通、整合、重要、持久的特性，它集中表现为个体在解决复杂的现实问题过程中表现出来的综合性品质或能力。

杭州师范大学教育科学研究院的张华教授认为，所谓核心素养，是指人们为了适应信息时代、知识社会和全球化时代，解决复杂问题和适应不可预测情境的能力和道德，又被称为“21 世纪素养”。

山西省教育科学研究院教研员张增建提出，通俗点说，核心素养就是“知识＋能力＋情商”的集合体，且超越学科范畴，并需要用人类最前沿的科普性知识不时予以淬炼与激活。总之，核心素养就是一个学生最有用的基础素养，所谓“做什么都离不开”，它能深刻地影响甚至决定一个人的格局与发展。

华东师范大学的钟启泉教授指出，核心素养是指学生借助学校教育所形成的解决问题的素养与能力。

虽然专家们的说法各异，但亦有共通之处。正如张绪培所说，核心素养就是指必备的品格和关键的能力。这一说法言简意赅，切中要害。核心素养是作为客体侧面的教育内容与作为主体侧面的学习者关键能力的统一体而表现出来的。它不是先天遗传，而是经过后天教育习得的。它也不是各门学科知识的总和，而是支撑有文化、有教养的健全公民形象的心智修炼或精神支柱。决定这种核心素养形成的根本要素，在于教育思想的进步与教育制度的健全。



## 第四节　核心素养的构成框架

对于核心素养的构成框架，不同国家都进行了积极探索，形成了促进个体发展、适合各自国情的核心素养框架。

### 一、中国的核心素养框架

2016 年 9 月 13 日，《中国学生发展核心素养（征求意见稿）》总体框架正式公布。

中国学生发展核心素养，以科学性、时代性和民族性为基本原则，以培养全面发展的人为核心，分为文化基础、自主发展、社会参与三个方面。

综合表现为人文底蕴、科学精神、学会学习、健康生活、责任担当、实践创新六大素养，具体细化为人文积淀、人文情怀、审美情趣、理性思维、批判质疑、勇于探究、乐学善学、勤于反思、信息意识、珍爱生命、健全人格、自我管理、社会责任、国家认同、国际理解、劳动意识、问题解决、技术运用十八个基本要点。

### 二、新加坡的核心素养框架

新加坡提出了21世纪学生的核心素养框架，包括以下三层。

内层为核心价值观：尊重、责任、正义、关怀、适应力、和谐等；

中层为社交与情绪素养：自我意识、自我管理、社会意识、人际关系、自我决策等；

外层为21世纪特殊素养：公民素养、全球意识和跨文化素养、批判性与创新性思维、信息沟通技能等。

教育的目标是为了培养充满自信的人、自主学习的人、积极奉献的人和心系祖国的公民。

### 三、芬兰的核心素养框架

芬兰提出核心素养包括七种综合能力：成长为人，文化认同与国际化，信息素养与交际，参与行使公民与企业家的权利，对未来环境、健康和可持续发展的责任感，安全与交通，个体技术。

### 四、美国的核心素养框架

美国提出21世纪学生的核心素养包括以下一些方面：批判性思维与问题解决能力、创造性与革新意识、合作精神与尊重差异的能力、跨文化理解能力、交流（包括听、说、写和非言语交际）信息与媒体素养、计算与ICT（即信息与通信技术）素养、职业与学习的自立能力。

由此可见，虽然各国的核心素养框架的具体内容不同，表述方式也各异，但从总体上看，各国的教育方针和指导思想是一致的，基本都提了这几种素养：信息素养、创造性、批判性。当然，各国提到的核心素养也有自己的独特性，值得互相借鉴和补充。

## 第五节　核心素养的形成途径

核心素养的形成过程不单是获取“有用知识”的过程，它还是一段体验、一段经历。知识习得伴随着一系列心智活动、情意活动，知识不是学习活动的全部，在学习过程中形成的良好的智力结构、完整的人格特征以及情感、态度、价值观，是我们每天生活须臾不可离开的。如此看来，所学必有所用，有时“无用”就是一种“大用”。即便是冷僻的知识也有用处，只不过它的用处是以另外一种方式呈现的。如在知识学习过程中发展起来的成长意识、主动精神、探索欲望、创造能力，这些都将成为人生的积淀，在无形中影响人的日常生活，成就未来的美好人生。

### 一、核心素养的形成：功夫在诗外

张增建在《核心素养：素质教育的新起点 从“屠呦呦是谁”说起》一文中提到这样一个例子，并对其进行了深刻的思考。



去年秋天，美国的一群中学生到上海访学，为期一个月。上海接受任务的学校赶紧安排班级，并拿出相应的教学计划。美国学生却直奔当地的大企业、社区、农村，兴致勃勃进行实地调研。因此，我们能否这样理解：课堂不能局限在教室的四堵墙里，有时功夫在诗外，现实生活中的企业、农村同样是课堂，甚至更有价值。因为教育只有与现实结合，并具有前瞻性，才有用，才会接地气。

用现实情景及问题来激活教材知识，并借此将综合实践能力与情感、态度等加以整合，如此过程是否就是在培养核心素养？据说，美国、日本等国家的中学，每学年都有这样的课程，要求学生前往世界各地的代表性城市去游学，大概也是出于这样的考量。此外，科学素养在国外学校教育中地位显赫，比如，英国中小学课程设置中，科学竟被当成大学科，甚至居于中心地位。

总之，核心素养的形成，不能仅仅凭借课堂，更需要一种开阔的视野。

## 二、核心素养的积淀：经历思维挑战的过程

课堂学习的价值何在？学生核心素养发展的方向何在？有人说，教学的本质不在于训练、强化已形成的内部心理机能，而在于激发目前还不存在的心理机能。每个学生都有寻求刺激、接受挑战的潜在的心理动机，课堂需要营造思考的氛围，创造思维挑战的条件。如果教师把思维挑战作为核心素养的精髓，就能创造出精彩灵动的课堂。

比如，在浙江省小学数学特级教师俞正强展示“生活中的比”这节研究课上，当俞老师问“有多少人已经学过比的概念”时，全班学生几乎都举起了小手，有的甚至还提到了“钻石模型”“蝴蝶模型”“内向积”“外向积”等概念，而这些都是学生自己在课外习得的。就是这样一堂“人人都已掌握”的数学课，俞老师却给了学生一种全新的体验。生活中有哪些比？赛场上的比分与调和油成分的比例，两者同为比，有什么不同？哪些比能简化，哪些比不能简化？……在不断思索中，学生的思维被一点点打开。课堂最后，甚至有学生总结说：“课堂外学习了课堂内的知识，课堂内却习得了生活中的知识。”在这样的课堂中，“有用”不再以知识来衡量，它更多的是一种体验，一种深刻绵长、值得珍藏的人生体验。

如果把学生的学习比作一条没有终点的探索之路，那么课堂应该是那在通向隐蔽真理的道路上指引学生前进的一盏明灯，而教师正是点燃这盏明灯的人。在课堂教学实践中，教师要富有挑战精神，不断尝试运用、创造新的教学方法，让课堂充满思维的张力、想象的空间，这样才能促进学生核心素养的积淀和提升。

## 三、核心素养的获得：凭借自身成长的力量

教学的艺术不在于展示教的本领，而在于促成学的精彩。学生天生具有自主学习的可能性，具有自我发展的意识和能力。叶圣陶先生曾深刻地指出：“请老师们时刻想到，学生跟种子一个样，有自己的生命力，老师能做到的，只是供给他们适当的条件和照料，让他们自己成长。”华南师范大学的郭思乐教授也说：“教者负有依靠学习者自身使之获得提升的使命。”凭借自身力量获得的东西才是最牢靠的、适用一生的。离开了学生的“自我发展力”，教学不可想象，人的发展同样不可想象。

例如，“平方差公式”本是初中阶段的教学内容，浙江省杭州市崇文实验学校的许幼芳老师却将它带到了小学二年级的课堂上，这一大胆举动让在场的教师大跌眼镜。课堂上，许老师创设了一个充满童趣的情境：“巧克力工厂出现了两只专吃巧克力的小怪物，今天老师要带大家进行一场巧克力保卫战。老师手中有一块 5×5 的巧克力和一块 3×3 的巧克力，把它们重叠起来，小怪物只能吃到单层的巧克力，小怪物有几种不同的吃法?”借助形象的动画演示，许老师循循善诱，学生竟轻松地掌握了平方差的计算方法。可见，学生的现实性中具备更多的可能性和无限的潜能。

香港中文大学的陈侨平博士说：“当教育开始对‘人’负责时，教育才真正回归本源。”的确，过去我们的教育价值观是把不同的学生拉入统一的教育模式中，导致的结果是“千人一面”。今天的基础教育改革就是要打破这种常规，努力为学生创造更多的可能性。江苏省教育科学研究所所长成尚荣认为，教育是培养人的活动，教育的过程就是不断认识人、发现人、开发人。教师首先应该是一个学生研究者，只有给学生更多的时间、自由和机会，学生发展的潜能才会被唤醒、被开发。

# 第二章

## 数学核心素养的理念概述

现代数学的发展历史表明，数学的研究源于对现实世界的抽象，通过基于抽象结构的符号运算、形式推理、一般结论等，理解和表达现实世界中的事物的本质、关系与规律。因此，数学不仅是自然科学的重要基础，在社会科学中也发挥着越来越大的作用，数学的应用已渗透到现代社会及人们日常生活的各个方面。数学不仅是运算和推理的工具，还是表达和交流的语言，承载着思想和文化，是现代文明的重要组成部分。

日本数学教育家米山国藏有一段叙述，流传很广：学生在学校学习的数学知识，毕业后若没什么机会去用，一两年后很快就忘掉了；然而，不管他们从事什么工作，那种深深铭刻在心中的数学的精神、思维方法、研究方法、推理方法和看问题的着眼点等，却随时随地发生作用，使他们终身受益。

我很赞同曹亮吉教授的一个观点：学数学学什么？从实用的角度来说，是算术以及一点点几何与代数；从考试角度来说，是背诵、套用公式，做各种计算；但是如果换个角度看，万事万物无不隐藏着数与形以及数与形的模式。如果把学习数学的眼界，从纯粹的数与形以及狭义的规则与定律提升到隐藏于万事万物中的数与形以及广义的规则与定律（模式），数学便不再是枯燥抽象的，而是似乎很有用、但不知用在哪里的知识。经过发现、转化、解题、沟通及评析等种种步骤，把数学与生活及其他学习领域结合在一起，数学才能变得具体而有用。数学知识可能用得少，但是数学素养时时影响着我们。

21世纪教育研究院副院长王雄表示，数学课程的核心素养即公民素养在数学课程中的具体化，“每个国民学习的既有学术化的数学，也有职业化的数学（如建筑师、会计师、社会学调查等），还有生活化的数学。对于儿童来说，数学课程并不仅仅与日常私人生活有关，更包括学校公共生活的数学，如班费如何管理、学生的公益捐款如何使用等问题”。

数学特级教师张思明说：“数学教育的目标，是让学生用数学的眼光观察现实世界，用数学的思维分析现实世界，用数学的语言表达现实世界。”的确，数学培养的是科学精神，我们并不奢望每个学生都能成为数学家，但如果每一个学生在成长的过程中能理解追求真理、提高效率的科学精神，对自己和国家的发展都是非常重要和有价值的。

# 第一节　数学核心素养的内涵

## 一、课程标准对数学核心素养的描述

依据《关于全面深化课程改革落实立德树人根本任务的意见》及《中国学生发展核心素养（征求意见稿）》给出的核心素养的概念，结合数学学科特点，即将发布的《普通高中数学课程标准（修订稿）》这样描述数学核心素养：数学核心素养是具有数学基本特征、适应个人终身发展和社会发展需要的必备品格与关键能力，是数学课程目标的集中体现，是在数学学习的过程中逐步形成的。

## 二、国内专家对数学核心素养的理解

近两年，国内很多专家都谈了自己对数学核心素养的理解，大致有以下几种典型看法。

华东师范大学的张奠宙教授提出，一般认为素养与知识（或认知）、能力（或技能）、态度（或情意）等概念的不同之处在于，它强调知识、能力、态度的统整，超越了长期以来知识与能力二元对立的思维方式，凸显了情感、态度、价值观的重要性，强调了人的思考、行动与学习。而数学素养是指当前或未来的生活中为满足个人成为一个会关心、会思考的公民的需要而具备的认识，并理解数学在自然、社会生活中的地位和能力，做出数学判断的能力，以及参与数学活动的能力。

北京航空航天大学的李尚志教授做了一个形象的比喻：核心素养是“兵法”，而具体的课程是“剑法”。素养相对于具体的学科知识而言是抽象的，但抽象的东西可能就是最有用的东西，能够以不变应万变。就解数学题来说，你能够识别出那些看起来不一样的题其实本质都是一样的，这就是核心素养。从哲学的角度来看，普遍性寓于特殊性之中，说的就是素养与学科知识之间的关系。李尚志教授认为，素养是掌握知识的能力，但更重要的是把这种能力运用到别的地方去，或者在新的领域进行发挥。

中央民族大学的孙晓天教授指出，素养是能力的必备基础之一，数学核心素养是公民必备的数学品格，是成功生活所必需的数学能力。数学核心素养有以下几个特征：（1）它是必备的数学能力，是作为公民必备的数学底线和必要条件；（2）它是各种数学能力的一个集合，而且是不可替代的；（3）它可以普遍迁移，广泛辐射，终身受用；（4）它不能通过灌输习得，而主要是通过教师的引导，学生在自己的经历和体验过程中形成的。可见，数学素养要真正变成学生的素养，必然伴随着课堂教学方式的改变。

华东师范大学的鲍建生教授认为，数学推理是数学中最基本、最重要的素养，也是数学核心素养之一。数学本质上是帮助学生训练思维，数学这门学科的重要价值是帮助学生思考问题、拓展思维空间，这个“空间”就跟数学素养有关。以前我们觉得推理、证明是中学学习平面几何、立体几何时要求掌握的内容。但今天推理跟证明已经变成一种数学学习、数学理解的方式，并不只是一种目标和活动。这样一来，我们可以从幼儿园开始就跟孩子讲讲道理，通过推理让孩子更好地理解数学。



东北师范大学的马云鹏教授指出，数学核心素养是数学学习者在学习数学或学习数学某一个领域时所应达成的综合性能力，是在数学的教与学过程中应当特别关注的基本素养。

总之，数学素养是人们通过数学学习建立起来的认识、理解和处理周围事物时所具备的品质，通常是在人们与周围环境产生相互作用时所表现出来的思考方式和解决问题的策略。人们所遇到的问题可能是明显和直接的数学问题，也可能不是明显和直接的数学问题，而具备数学素养的人可以从数学的角度看待问题，可以用数学的思维思考问题，可以用数学的方法解决问题。

## 第二节　数学核心素养的特征

按照上述对数学核心素养的理解，数学核心素养具有综合性、阶段性和持久性的特征。

## 一、数学核心素养的综合性

综合性是指数学核心素养是数学基础知识、数学基本能力、数学思维和数学态度等的综合体现。数学的基础知识和基本能力是数学核心素养的外显表现。例如，在用几何直观法表示分数乘法的过程中，需要运用分数的意义、乘法的意义、乘法运算、用图表示分数等基础知识和基本能力，同时，学生要思考用什么样的方式可以更好地表示出这样一种数量关系。数学思维与数学态度则是数学核心素养的内隐特质。数学核心素养的形成需要对数学内部和数学外部之间的各种关系进行深入理解和综合运用，在这个过程中，数学的思维能力和思维方式及数学态度起着重要作用，这种作用往往不是直接看到的，而是内隐于解决问题的过程之中的。

## 二、数学核心素养的阶段性

阶段性是指学生的数学核心素养表现为不同层次水平、处于不同发展阶段。例如，同一个班的学生在解决问题时所运用的方法不同，反映了学生的数学核心素养表现为不同层次水平。又如，小学高年级的学生可以用一幅图表示两种不同的数量关系，并理解它们之间的联系。而小学低年级的学生可能达不到这种水平，他们只能用一幅图表示一种数量关系。到了初中，学生则可以用更复杂的方式表示数量关系，几何直观的水平会更高。这反映了学生的数学核心素养处于不同的发展阶段。数学核心素养的水平和层次划分，是一个复杂的问题，不同的数学核心素养也有各自的特点。这是一个值得我们深入研究的问题。

## 三、数学核心素养的持久性

持久性是指数学核心素养的培养不仅有助于学生对数学知识的理解与把握，还能伴随学生进一步学习，以及将来走向社会。例如，运用图表等直观形式表示复杂数量关系的能力作为学生的数学素养，可以一直伴随其一生。学生到中学、大学，乃至走上社会，也会有意识地运用图表等方式解决问题，包括数学问题和数学以外的问题。这体现了数学核心素养的持久性。

## 第三节　数学核心素养的构成

关于数学核心素养的构成，我查看了一些相关资料，发现专家的观点也不尽相同，他们从自身的理解进行了阐述。典型的观点有以下几种。

张奠宙教授指出，数学核心素养包括真、善、美三个维度：（1）理解理性数学文明的文化价值，体会数学真理的严谨性、精确性；（2）具备用数学思想方法分析和解决实际问题的基本能力；（3）能够欣赏数学智慧之美，喜欢数学，热爱数学。

马云鹏教授曾说，数学课程标准中的“核心概念”应该叫“核心素养”更为恰当。

但数学特级教师曹培英并不赞同这样的观点，他认为，将核心词直接改为“核心素养”未免过于简单化。当然，数学核心素养必须体现数学学科的本质，必须具有一般意义，必须承载独特的学科育人价值。跳出核心词的羁绊，建构小学数学学科的核心素养，将有利于整体提升学科的育人水平。基于核心词，他对数学核心素养进行了合理架构。

首先，能体现数学学科本质的无疑是数学的基本思想——抽象、推理和模型。这三种基本思想涵盖了数学的产生、发展，以及数学与外部世界的联系，又正好对应了数学的三大特征——高度的抽象性、逻辑的严谨性和广泛的应用性，因而在数学发展历程中起着核心作用。

其次，数学的抽象、推理和模型又具有其他学科不可替代的育人价值。数学抽象所独有的育人价值在于，学生经历数学的抽象，不仅由此生成数学的研究内容，还能让学生学习如何从量或形的视角去观察、把握周围的现实事物。这一认识客观世界的独特方式，是每个社会公民都不可或缺的基本素养。数学推理有别于其他学科的育人价值在于，物理、化学、生物及科学学科都用事实说话，靠实验判断对错，唯有数学凭推理辨别真伪。推理能帮助人类突破感官、经验、常识的局限性。数学模型的独特育人价值在于，它是最为简化、量化的模型，是沟通计算机与社会生活几乎所有领域各个层面的桥梁。

最后，这三种最具学科特征的数学基本思想又生成三种基本素养，即数学思维、数学交流与数学问题解决。为什么有这样的对应关系呢？因为数学思维的本质特点是抽象与推理；数学交流更加强调逻辑性，且常用模型表示数学与现实的联系；而数学问题解决首先是抽象，如将实际问题抽象成数学问题，但关键在于建立数学模型。

基于以上简要论述，抽象、推理和模型构成了数学学科第一层次的核心素养。显然，模型思想还包含了应用意识。而符号意识可以并入抽象，因为符号是数学抽象最主要的语言表征。

另外，针对三个内容领域的运算能力、空间观念和数据分析观念，则构成了数学学科第二层次的核心素养。因此，形成了如下图所示的数学核心素养的基本架构。

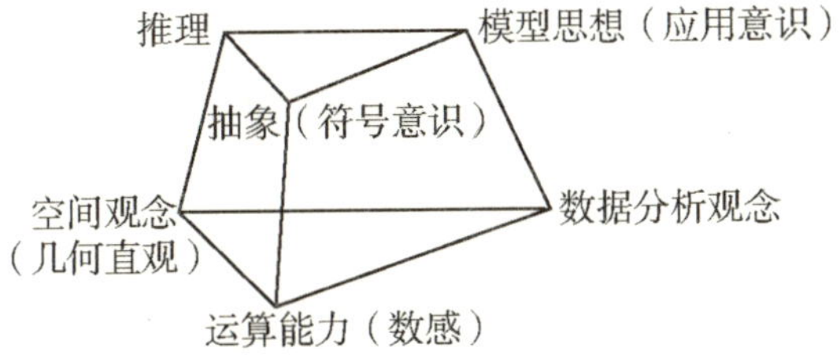


**数学核心素养的基本架构**

柳夕浪教授也曾指出，各学科核心素养的内容和要求既相互区别又相互联系，不能截然分开。研究表明，就数学学科而言，数学核心素养包含数学抽象、逻辑推理、数学建模、数学运算、直观想象、数据分析这六个方面。数学核心素养的培养，要通过学科教学和综合实践活动课程来具体实施。

总之，数学核心素养研究的推进与数学核心素养体系的建构，将有助于克服学科知识本位与教学中的短期行为，有助于不同学段育人目标的彼此衔接、上下贯通，进而使数学教学真正为学生的终身发展奠基。

# 第三章

## 数学核心素养的教育践行

受传统教学观念和应试教育的影响，目前的课堂教学大多仍以课本知识传授为主，教学方式单一，教师更多关注的是学生对知识的理解与掌握，以及学生解题能力的提高，学生学习被动，缺乏学习兴趣，学习潜力难以得到发挥，从而使学生数学核心素养的培养就被忽略了。为此，我们必须探求新的教学方法，改革教学现状，提高教学质量和效益，使课堂教学成为培养学生数学核心素养的主阵地。

数学核心素养是通过数学教学赋予学生一种学数学、用数学、创新数学的修养和品质。要全面提高学生的数学核心素养，不是靠一两节课的教学就能实现的，更不是教师在课堂中教出来的，而必须要靠学生自己主动地实践、探究、体验、感悟，教师则应在教学过程中坚持不懈地、多渠道多方面地去引领、激励、唤醒。

学生的数学核心素养是在数学学习过程中逐渐积累起来的，这既是一个长期的、反复的、渐进的自主生成过程，也是一个不断反省、自我体验的过程。学生的数学核心素养一旦形成，必将超出数学学科知识范畴，并发挥长期、实在的功效。提高学生的数学核心素养即提高学生的社会适应能力，这是学生实现可持续性发展、最终实现自身价值的关键。

学生数学核心素养的提升，必然根植于教学方式的变革。课程标准的制定为学科教学的发展指明了方向——动手实践、自主探索、合作交流应成为今后学生学习的重要方式。课堂教学作为培养学生创新精神与实践能力的主渠道，只有深化课堂教学改革，才能承载新课程的企盼，才能将新课程真真切切地体现在学校生活中，落实到教育教学中。基于此，基于备学的提高学生数学核心素养的课堂应运而生。

基于备学的提高学生数学核心素养的课堂，将关注学生的解题能力升华为培养学生的数学核心素养，让教师意识到培养学生的数学核心素养比提高学生的考试分数更重要。在这样的课堂中，教师能更加尊重学生的个体差异，更加注重分析知识的内在联系和变化规律，充分展示知识发生发展的过程，并形成开放性、自主性的数学教学方式。

使学生的学习过程从封闭走向开放，使学生从求同思维向求异思维发展，使学生积极思考，充分进行尝试、探究、验证，长此以往坚持下去，学生就会逐步养成自觉学习、主动探索的良好学习习惯，具备勇于探究、不断进取的意志和精神。

## 第一节 “学为主导”的课堂再构

### 一、“学为主导”的内涵

培养学生的数学核心素养，必然推动课堂教学方式的变革。针对传统的“教为主导”的课堂，我们提出了“学为主导”的课堂。“学为主导”是指以学生的学习为主导，教学任务的设计、展开、延伸均由学生的学习状况来决定，以最大限度地发挥学生的主体作用。“学为主导”提倡“师生协同为课堂主体，学习活动为课堂主导，课程标准为课堂主线”的教育思想，与“教为主导”坚持的“学生为主体，教师为主导，训练为主线”相比，在理念上发生了根本性的颠覆。

“学为主导”的课堂秉承了“一切为了学生，高度尊重学生，全面依靠学生”的理念，认为学生是课堂教学活动的核心要素。“学为主导”的课堂是活泼的、活跃的、充满童趣的，能生发出师生智慧和思维碰撞的火花。



### 二、备学的价值

为了有效、高效、优效地开展课堂中的师生协同学习，课堂中的每个人都得做好准备——备学。

备学，不是原来意义上教师的备课、备学生，也不是学生课前的预习、先学、自学。备学过程中，学生对即将开始的新学习活动做热身运动，尽可能回忆、收集、整理与新学习活动相关的知识经验、生活经验、思维经验，从而产生疑惑和发现问题，激发兴趣和求知欲，为新学习活动做好充分准备。而面对全班几十个学生人人都有不同的经验、都有问题需要讨论，面对课堂上层出不穷的生成，教师不得不成为学习者，也需要备学。

基于大量的课堂实践，我们提出了“以备立学，顺学而展”的操作范式。这一范式体现出四大特点：一是“人人备学”，不仅学生需要备学，教师也需要备学，每个人都是学习者；二是“交流展学”，备学后，为学习者尽可能多地提供展示平台和互评机会，突出不同背景的学习者思维碰撞的活动效度；三是“同伴助学”，突出课堂合作学习小组的建设，致力于发挥协作性人格特质；四是“教师顺学”，教师现场向学生学习，然后组织集体学习，突出“顺学而展”的教学功能与教师定位，让“教堂”回归“学堂”，引导教师从“教师”回归“学者”。

课堂上，教师向学生学习后协同学生学习；学生向同伴学习、与同伴交流备学成果后协同同伴解决问题；一个问题解决后产生三个新问题，三个不同的问题可以归纳为一个课堂学习目标；来自学生集体的学习目标成为教师现场备学（备课）的教学目标；教学目标与学习目标协同主导课堂的进程……“学为主导”的课堂学习，已经不仅仅是学习知识的过程，更是师生共享生命的过程。

学生数学核心素养的形成是一个长期的、慢慢积淀的过程。设计教学时，教师应更多地挖掘数学知识的特质，设计富有思维含量的数学活动，引领学生的思维不断向深处推进；在教学中，教师应给学生提供足够的思维空间，让学生自主建构知识，形成问题意识，领悟数学精神，体验数学价值。这样持之以恒，学生的数学核心素养才能得到培养和提升。



## 第二节　基于备学先行的分享学习

捷克教育家夸美纽斯曾说：“找出一种教育方法，使教师因此可以少教，但是学生可以多学；使学校可以因此少些喧嚣、厌恶和无益的劳苦，独具闲暇、快乐及坚实的进步。”只有将学习置于课堂的中心（即“学为主导”），才能促使教师少教以至不教只学，才能促使学生多学以至以学代教。教师引导学生备学，即引导学生有准备地走进教室，自己也向已备学的学生学习，准备在课堂上与已备学的学生协同学习，这是课堂学习活动的基础。有了这样坚实的基础，“学为主导”才会成为可能。

### 一、备学：“学为主导”的教学基础

“学为主导”并不是以学生为主导，而是以课堂上师生协同的学习活动为主导。教学前，教师通过设计备学问题，引导学生回顾已有的生活经验、知识经验和思维经验，从而自主发现问题。课堂上，教师再引导学生

交流经验，共同研究发现的问题，让“教”发端于“学”，这样的课堂才是“学为主导”的，这样的教育才是无痕的。

1. 备学的概念厘清

“备学”有广义和狭义之分。广义的备学是指学科教师推荐学生阅读与本学段相关的经典书籍，引导学生注意观察相关的日常生活现象并有意识地去体验；狭义的备学专指学生为课堂学习新内容（不仅仅是知识）做知识经验、生活经验、思维经验的准备，以及独立思考、发现问题，并准备将问题带到课堂集体学习活动中去解决。

在“教为主导”的课堂中，教师也会带着学生做各种学习准备，其中也有备学成分，但这种准备存在以下缺陷：其一，这是教师的意志行为；其二，这是集体统一的行为；其三，时间很短，内容较单一。

而“学为主导”的备学有如下特征：其一，学生根据教师引导的方向自主回顾经验、发现问题，是学生的主体行为；其二，是每个学生独立自主的个体行为；其三，时空相对比较自由，学生可以根据需要自行调整。

备学按时间长短可以分为长期备学、短期备学。长期备学相当于广义的备学概念；短期备学是指一个单元、一周的备学，主要目的是收集学习资源（资料），形成最近发展区。

2. 备学的价值体现

学习是一种迁移，而备学就是为迁移做准备。“温故而知新”，温故是备学，知新是学习。也就是说，获得新知识的过程是学习，获得新知识之前的铺垫过程就是备学。备学是学生独立收集经验与发现问题，备学的过程是聚合思维与发散思维的过程。如果说所有新知识都是在原有三种经验的土壤中生长出来的，那么，备学就是培育土壤和播种，三种经验是土壤，三个问题是播种，学习资源是阳光雨露和营养肥料。备学具有先行组织者的功能，可以为学习迁移做准备。

学习是一种创造，而备学就是为创造做基础。备学能真正激活学生的思维，使学生的最近发展区转变为最近学习工作区，并进一步转化为课堂研究的主协同区。在这个协同区中，因为没有现成模本可参照，个体思维的本原性和群体结果的多样性自然会表露出来，这就凸显了学习的独立性与本真性。备学是一种个性化、创造性的活动，能为创造做准备。

学习是一种建构，而备学就是为建构做架构。学习是一种知识的生产，也是一种知识的管理。因此，学习新知识与生产新产品、建造新房子的道理相通。学习新知识就像建房，工地开工需要备料，备学的第一个任务就是围绕新知识收集学习资源，学生的收集方式多种多样，这是一种真正的自主。学生在收集过程中必然会发现问题，问题就会引发思考。资源、问题、思考都汇集到工地，工地就是最近学习工作区。备学提供的个性化资源，为学习建构提供了丰富的土壤。

3. 备学的做法探微

学生备学前，教师要精心设计备学引导问题。备学引导问题的设计至关重要，它的目的是引导学生的思考方向，激活学生的三种经验。为表明观点，以下呈现几份数学备学引导问题设计。

（1）苏教版[①]四年级下册“认识平行四边形”的备学引导问题设计。

| 备学引导问题 | 所激活的经验 |
|---|---|
| 生活中，你在哪里见过平行四边形？请至少举出三个例子。 | 生活经验 |
| 在你看来，平行四边形有什么特点？ | 知识经验 |
| 关于平行四边形，你有什么问题？请提出三个问题。 | 思维经验 |

（2）六年级上册“百分数的认识”的备学引导问题设计。

| 备学引导问题 | 所激活的经验 |
|---|---|
| 收集生活中的百分数，请至少举出三个例子。 | 生活经验 |
| 寻找百分数与旧知的联系。 | 知识经验 |
| 提出三个关于百分数的问题 。 | 思维经验 |

学生根据备学引导问题，回忆与学习主题相关的经验，经验与新学习的内容产生冲突，必然产生问题。备学指导开始要具体细致，要有硬性要求。让学生用书面方式呈现是一种他律，有了开始的他律才会有以后的自律。备学后，教师可先组织学生开展小组的备学交流，然后进行全班的备学展示。

① 本书中涉及的教材几乎皆为苏教版，以下不再标注。如为其他版本的教材，将特别指出。

## 二、协同：备学以后的课堂建构

备学后，教师更需要创造性地开展工作。因为学生备学会带来哪些学习资源、发现哪些问题，教师都需要事先有所准备，做到胸有成竹，这样教学时就能以学定教、因材施教。这样的教学比照本宣科更有挑战性与创造性，这才是学与教协同的课堂、生命的课堂，当然也是高效的课堂。现以五年级下册“素数和合数”这一内容的教学为例，试着阐述备学后的课堂建构。

### 1. 备学优先，激发求知意向

课前，引导学生围绕即将学习的内容进行独立的、个性化的、书面的备学，让学生把瞬间思维有意识地记录下来，养成习惯后，学生就能学会从多角度展开思考及对知识的追索。备学激发了学生的求知欲，是解放人的自主性与个性的突破口。

在教学“素数和合数”一课时，大部分教师都引导学生从因数个数的多少的角度来分类。但审视学生的备学作业，我发现学生还有不同的分类方法，除了按照因数个数分类，还有按照奇偶性，甚至按照因数个数的奇偶性来分类的。如果不让学生先进行备学，怎么会出现这些类型呢？学生提出的问题也非常有价值，如“1 为什么既不是素数，也不是合数”，这个问题突出了 1 的独特性，能凸显、深化素数和合数的概念。

正因为备学，学生提供了丰富的学习资源，有些资源是教师都未曾思考过的。备学为建构“学为主导”的课堂奠定了一定的基础。

### 2. 经验分享，凸显思维脉络

备学后的课堂，教师要变讲解、分析教材为提炼资源，有选择性地展示学生收集的资源，并根据学生的思维脉络展开教学，这样就更能贴近学生。在小组互学时，小组中的每位成员根据自己的备学笔记逐一叙述，其他成员进行质疑与答疑。教师要利用小组互学的时间进行巡视，即时把学生讨论中超出自己预设的内容整合入后续的教学实施中。在班级展示交流时，整组学生合作阐述本组的备学收获，应对其他小组的提问与质疑。交流互动过程既是学生投入地进行思维碰撞的过程，又是教师引导与点拨的最佳时机。

“素数和合数”一课的开始，小组交流了备学问题后，我组织学生进行班级整体展示。根据学生的回答，我先出示了1～20各数的因数，然后让几位学生介绍自己的分类方法。首先，小姚介绍："把1～20这些数分成两部分，分别是奇数和偶数。"我追问："这样分类的依据是什么？"小姚回答后，我板书了分类依据：根据是否是2的倍数分类。其次，小惠介绍："我把1分为一类，再把2～20分成一类。我之所以这样分类，是因为只有1的因数是一个，2～20这些数的因数有两个或两个以上。"学生都赞同这样的分法。再次，小陆介绍："把素数分为一类，把合数分为一类。"我让他介绍了这样分的依据，由此揭示出素数和合数的概念。最后，我还出示了小任的分类方法："素数：2、3、5、7、11、13、17、19；合数：4、6、8、10、12、14、15、16、18、20；还有1。"小任的思维更为缜密，因为他还考虑到了1这个特殊的数。接着，我追问："这样分类的依据是什么？"从学生的回答中，我提炼出了关键点，即根据因数的个数分类。

课堂就是不同思维的交流场所，学生各抒己见，将自然数的几种分类方式都呈现了出来，有些虽然不具有典型性，但对于学生的思维互补与拓展还是极为有益的。学生把自己的相关经验逐一陈述出来，生生、师生间再互相补充提醒。在凸显集体思维脉络的同时，学生个体的认知结构也得到了完善。

3. 问题讨论，建构思维模块

备学之后，教师要重点引导学生讨论备学中发现的问题。很多学生个体的问题在交流讨论中解决了，小组合作学习解决不了的问题就要在全班展示交流。教师要在课前及学生交流讨论的过程中，及时发现、归纳、提炼这些问题，筛选出有代表性的问题，让学生集体讨论，充分展示不同的观点和见解，让思维碰撞，从而顺利建构各自的思维模块。

在"素数和合数"一课的备学讨论中，我先让有典型问题的学生述说，问题大致如下：第一个问题是"一个数不是素数，它一定是合数吗？"思考片刻后，有学生反驳道："不对！还可能是1呢！"此问题再次明确了非0自然数按因数个数的分类方法，同时培养了学生思维的缜密性。第二个问题是"1为什么既不是素数，也不是合数？"学生说："因为1只有一个因数，而素数有两个因数，合数至少有三个因数。"这一问题再次突出了1的特殊性。第三个问题是"0是素数还是合数？"学生困惑不解的表情表明他们在思考，我顺势向学生说明：研究范围一般指非 0 自然数。第四个问题是“奇数都是素数吗？偶数都是合数吗?”学生用举例的方式推翻了这一观点。此问题帮助学生分清了素数、合数与奇数、偶数的关系。之后，让学生自由提问，小许问：“一个数的因数只有 1 和它的本身，这些数中是不是只有 2 这一个偶数?”此问题凸显了 2 这一素数的特殊性。正因为正视了学生的问题，课堂上才显现出勃勃生机。

“学为主导”的课堂，教师变严守进度为临场激活，变提出问题为归纳问题。随着各种问题的讨论和解决，学生在思维碰撞中渐渐达成了一种平衡，而这种新的思维平衡就是学生个体所建构的新的思维模块。

4. 练习跟进，完善思维结构

思维结构中有知识结构、技能结构、智能结构、情意结构与观念结构，这些结构处于不断建构、趋于完善的状态。学生应用新建构的思维模块与原有思维模块协同完成课堂练习，达到复习巩固的效果。恰当的练习，不仅能深化学生对知识的掌握程度，强化学生对技能的熟练水平，更重要的是能不断完善学生的思维结构。



对“素数和合数”一课的练习题，我也进行了精心设计。例如，让学生任意举出几个自然数，并说出这几个数的类别，先同桌之间相互说，再集体反馈。每个学生都各抒己见，很多学生还能从不同角度谈论数的特性。我还讲述了哥德巴赫的故事，并引导学生验证哥德巴赫猜想，学生学会了将一个自然数分成几个素数之和，既验证了哥德巴赫猜想，又强化了对素数、合数概念的认识。课的最后，我还设计了一个游戏，如出示数字 8，让学号是 8 的因数或倍数的学生起立。

这些练习题的解答过程，是学生思维外化的展示，同时也完善了学生的思维结构。

5. 总结自省，激起后续备学

“学为主导”的课堂中，课尾的总结自省尤为重要。教师要引领学生对自己的学习活动及时进行总结反思，促使学生提高学习能力和学习效益。学生反思中生成的问题、提出的意见、获得的启示等都是重要的教学资源，教师不仅要对此及时做出回应，同时要利用这些资源，因势利导，拓展迁移，引导学生进一步领悟知识、掌握方法，不断提高学生自主学习的能力。

在“素数和合数”一课的课尾，我鼓励学生总结反省。学生梳理了知识脉络，总结了素数、合数的概念和分类方法，并提出了一些疑问。如小张问：“为什么素数只有两个因数，而合数有更多因数?”这涉及素数、合数的本体性特征，我鼓励学生课后去思考这个问题。小颜问：“素数和合数还有什么特点?”针对学生的问题，以及后面练习课的要求，我顺势设计了下一课的备学问题。内容如下：“素数和合数还有什么特点?怎样能很快记住100以内的素数?”这样的问题又激起了学生后续的备学热情。

总之，理想课堂是自组织的教学场，备学环节是其中重要的学习活动。备学激活了学生的求知欲，课堂学习方式因此发生了重大转变。备学优先，使学生变被动接受为主动获取；经验交流，使教师变提供资源为提炼资源，变讲解分析为点拨碰撞；问题讨论，使教师变提出问题为归纳问题，变严守进度为临场激活；练习跟进，变单向训练为题组训练，变技能训练为完善结构；总结自省，变课堂小结为思维碰撞，变课后作业为课前备学。正因为师生的协调合作，学生变得有个性、有智慧，变得敢想敢做，数学学习旅程因此显得生机勃勃、活力无限。

## 三、相关数学教学设计及反思

### “倒数的认识”教学设计与反思

【教学内容】

六年级上册“分数除法”中的内容。

【教学目标】

1. 基于备学，理解倒数的意义，掌握求倒数的方法，能正确、熟练地求出一个数的倒数。

2. 学会观察、归纳，培养在小组内与人交流、与人合作的意识。

3. 培养学习数学的兴趣、探寻数学知识的欲望以及良好的学习习惯。

【教学重难点】

理解倒数的意义，掌握求倒数的方法。

【教学过程】

一、准备先行

课前（或课始）学生独立解决以下备学问题。

1. “倒”（dào）有以下解释：①上下颠倒或前后颠倒。②反面的；相反的。③使向相反的方向移动或颠倒。④反转或倾斜容器使里面的东西出来；倾倒。⑤表示跟意料相反。基于以上解释，试着说一说，什么叫倒（dào）数？

2. 根据你的理解，举例说明怎样的数是倒数。

3. 提出三个关于倒数的问题，进行小组讨论。

教师根据学生的备学情况进行教学的二度设计。

[设计意图：课前的备学问题将语文与数学有机融合，呈现字典中对“倒”字的几种解释，激活了学生的生活经验。]

二、经验分享

1. 小组交流。

四人小组分工交流备学收获，提炼出主要的发现和问题。

2. 全班展示。

（1）什么是倒数？

学生自由说出自己的想法，教师不做评价。

（2）怎样的数是倒数？

学生任意举例，展现自己真实的想法。

[设计意图：对于倒数的概念和特点，学生有自己独特的认识，教师要创造条件让他们充分表达自己的观点，这样才能使“教”发端于“学”。有学生从数数的角度提出“倒数就是倒着数数，如 1、2、3 的倒数是 3、2、1”；还有学生把一个数倒着写，虽然很滑稽，却是他的真实想法。当然，很多学生还是提出“分子、分母交换位置的数是倒数”。有时，学生的看法即便荒诞，也是他们思考问题的根基所在。这样的分享，是教师把脉学生思维的重要途径。]

三、问题研讨

1. 提问：关于倒数，你还有什么问题？

教师整理学生的问题，并画出思维导图。

2. 研究倒数的意义和特点。

课件出示下列算式。

(1) $\frac{4}{9}\times\frac{9}{4}=1$　　(2) $\frac{7}{3}-\frac{4}{3}=1$

(3) $\frac{3}{5}+\frac{2}{5}=1$　　(4) $\frac{5}{21}\times\frac{21}{5}=1$

(5) $\frac{13}{7}\times\frac{7}{13}=1$　　(6) $\frac{11}{18}\times\frac{18}{11}=1$

(7) $\frac{9}{2}\div\frac{9}{2}=1$　　(8) $\frac{3}{4}\times\frac{4}{3}=1$

提问：你能把这些算式进行分类吗?

预设：学生可能会分成四类，即加、减、乘、除各一类。

指出：这里有和是1的，有差是1的，有积是1的，还有商是1的。我们重点来研究这几个乘积为1的。

揭示：我们称像这样乘积是1的两个数互为倒数。

提问：自己先读读看，反复体会，看看在这句话中，你觉得哪些字眼比较重要?

学生回答，教师再做强调，突出倒数的特点。

引导学生从中选择一组互为倒数的数，跟同桌互相说说。

提问：下面哪两个数互为倒数?

$$\frac{5}{3}\quad\frac{8}{13}\quad\frac{6}{7}\quad\frac{7}{6}\quad\frac{3}{5}\quad\frac{1}{9}\quad\frac{13}{8}$$

3. 研究倒数的求法。

出示研究单，四人小组分工合作，选择一类数进行研究。以下是研究单内容。

研究内容：____数的倒数

____的倒数是____。

____的倒数是____。

____的倒数是____。

……

求____数倒数的方法：________________________________。

小组共同完成研究单后，上台交流展示。

提问：怎样求一个数的倒数呢?

同桌讨论，师生总结求倒数的方法：求一个数的倒数（0除外），只要把这个数的分子、分母调换位置，或者求与这个数相乘乘积为1的数。

[设计意图：学生对倒数虽然有一些自己的看法，但这些观点是否正确还有待研究。本环节，在学生充分质疑的基础上，教师提炼出主要问题：倒数的意义和特点是什么？怎样判断两个数是否互为倒数？怎样求一个数的倒数？引导学生围绕这几个重点问题展开深入的研讨，既顺应了学生的需要，也凸显了学生这一主体的地位。]

四、巩固练习

1. 判一判。

（1）$\frac{2}{9}$是倒数。（　　）

（2）$\frac{2}{3}+\frac{1}{3}=1$，$\frac{2}{3}$和$\frac{1}{3}$互为倒数。（　　）

（3）$\frac{9}{8}\times\frac{2}{3}\times\frac{4}{3}=1$，$\frac{9}{8}$、$\frac{2}{3}$、$\frac{4}{3}$互为倒数。（　　）

2. 填一填。

（1）$\frac{2}{5}$的倒数是（　　）。

（2）1的倒数是（　　）。

（3）（　　）与7互为倒数。

（4）（　　）的倒数是0.25。

（5）（　　）的倒数是$1\frac{3}{8}$。

3. 找一找：先说出下面每组数的倒数，再说一说你发现了什么规律。

（1）$\frac{3}{4}$　$\frac{2}{5}$　$\frac{4}{7}$

（2）$\frac{7}{2}$　$\frac{9}{4}$　$\frac{13}{6}$

得出：真分数的倒数一定大于1，假分数的倒数小于或等于1。

[设计意图：本环节练习在夯实基础的同时，体现了一定的灵活性。练习内容涉及倒数的特点、求法，还涉及真分数、假分数的倒数的特点，

学生可以通过观察得出规律，这对于学生深入掌握倒数的意义大有裨益。]

五、总结延伸

1. 提问：今天我们学习了倒数的哪些知识？还有其他问题吗？

总结：我们知道了什么是倒数，让我们试着用倒数的知识来解决一些问题吧！

板书：（　　）×（　　）=1，二者互为倒数。

2. 拓展延伸：想挑战下面两道题吗？

(1) $1\div\frac{4}{7}=$（　　）

(2) $3\times$（　　）$=\frac{3}{4}\times$（　　）=（　　）$\times0.5$

指出：今后学习除法时，大家会进一步感受到倒数的作用！

[设计意图：总结全课后，教师呈现了几道练习题，旨在将倒数的价值进行提升。如填空题 $1\div\frac{4}{7}=$（　　），让学生理解学习倒数的作用；$3\times$（　　）$=\frac{3}{4}\times$（　　）=（　　）$\times0.5$，让学生体会利用倒数完成问题的简洁性。在一步步的练习中，使倒数的概念从初步感知的模糊状态逐渐明朗化、完整化、清晰化、深刻化。]

【教学反思】

这节课采用备学模式，力争顺应学生的学习需求，激发学生的学习兴趣。本课教学设计有以下优点。

第一，抠字眼，激活学生经验。

课前的备学问题呈现字典中对“倒”字的几种解释，激活了学生的生活经验。学生对倒数的认识起初可能有失偏颇，对倒数的疑问也千奇百怪，但这些都是宝贵的教学资源。因此，备学具备前测功能，对于教师了解学生对数学知识的掌握现状有着重要作用。

第二，亮观点，呈现学生现状。

备学后，课堂应成为学生展示的平台。学生对于倒数已经有了自己的认识，只有提供展示机会，学生的思维才能活跃起来。

第三，共研究，解决学生疑问。

在备学中，学生会产生各种有关倒数的问题，经过师生的共同提炼和梳理，明确了本课的研究重点：倒数的意义和特点是什么？怎样判断两个数是否互为倒数？怎样求一个数的倒数？围绕这几个问题，我设计了研究单，让学生选择一种数进行研究，然后交流汇报。对于分数的倒数，学生驾轻就熟，很容易得出求法；对于求整数的倒数，学生也不觉得困难；真正难的是求小数的倒数，要先将其转化成分数，再求倒数。在共同研究的过程中，学生产生的不同想法引发了思维碰撞。

当然，这节课也存在一些问题。比如，当学生说“1、2、3 的倒数是 3、2、1”时，我没有及时进行点评，之后也没有回头纠正。另外，一些学生对于小数的倒数的求法还有点模糊，今后要加强这方面的练习。

## “分数的意义”教学设计与反思

【教学内容】

五年级下册“分数的意义和性质”中的内容。

【教学目标】

1. 在初步认识分数的基础上，理解分数的意义，掌握分子、分母和分数单位的含义。

2. 培养观察、思考、抽象概括、动手操作的能力。

3. 体会到分数就在我们身边，可以运用分数解决生活中的实际问题，从而提高学习数学的兴趣。

【教学重难点】

理解分数的意义，认识单位“1”。

【教学过程】

一、准备先行

课前（或课始）学生独立解决以下备学问题。

1. 关于分数，我已经知道了什么？（至少写出三点）

2. 用分数表示图中的涂色部分，并写出每幅图中分数的具体含义。

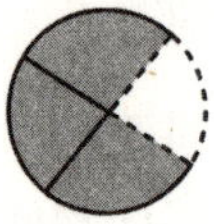
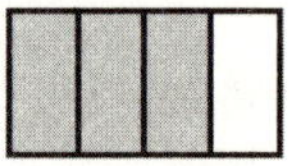
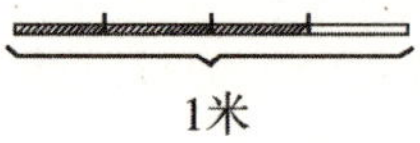

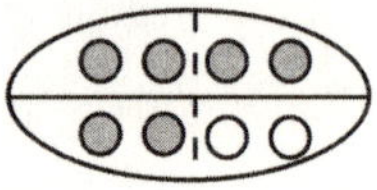

(　　)　　(　　)　　(　　)　　(　　)

3. 请提出三个关于分数的问题，进行小组讨论。

教师根据学生的备学情况进行教学的二度设计。

[设计意图：课前设计备学问题，旨在激活学生的知识经验、生活经验和思维经验。学生在三年级已初步认识了分数，知道分数各部分的名称，还知道一个物体或一些物体被平均分后用分数表示的方法。这些经验的激活，对于学生更深入地认识分数大有裨益。同时，让学生提出疑问，使教师能更好地把握学情，并根据学生的掌握情况，顺学而教，顺学而导，凸显学生的主体地位。]

二、经验分享

1. 小组交流。

四人小组分工交流备学收获，提炼出主要的发现和问题。对于简单的问题，小组内自行解决；对于典型而有疑难的问题，全班一起探索交流。



2. 全班展示。

(1) 学生汇报第1道备学题，师生梳理有关分数的知识。

(2) 学生汇报第2道备学题，课件出示以下文字。

$\frac{3}{4}$是把一块月饼平均分成4份，表示这样的3份。

$\frac{3}{4}$是把一张长方形纸平均分成4份，表示这样的3份。

$\frac{3}{4}$是把1米平均分成4份，表示这样的3份。

$\frac{3}{4}$是把8块饼平均分成4份，表示这样的3份。

追问：$\frac{3}{4}$还可以表示什么？

同桌之间相互说一说，并汇报。

(3) 提问：像这样的例子有多少个？你能用一句话概括这些例子吗？

引导学生总结：可以把一个物体平均分成4份，表示这样的3份；也可以把一个计量单位平均分成4份，表示这样的3份；还可以把一个整体平均分成4份，表示这样的3份。

指出：一个物体、一个计量单位及由一些物体组成的整体，都可以用自然数1表示，我们给这里的1取个名字，叫1个整体，或者叫作单位“1”。

［设计意图：对于分数，学生并非一无所知，在备学的基础上，让他们先分组交流，然后进行全班展示，能激发学生学习的主动性，便于梳理有关分数的知识。学生汇报后，教师追问：“$\frac{3}{4}$还可以表示什么？”这一问题立刻将学生的视线拉到更宽广的区域。随着例子的不断充实，学生感受到$\frac{3}{4}$的一般化性质。接着，让学生用一句话概括这些例子，立时从具体走向抽象，从而建立了$\frac{3}{4}$的模型。教学基于学生的基础，又引领学生走向了思维的拔高，这一模型思想的建立对培养学生的数学学科素养大有裨益。］

三、问题研讨

1. 提问：关于分数，你还有什么问题？

学生回答后，教师梳理出重要问题。

2. 交流研讨。

问题1：分数对人们有什么好处？

（1）一节课时间是40分钟。

提问：一节课又是几小时呢？

指出：它不满一小时，比半小时又多一些。不能用自然数表示时，用分数表示既精确又简便。

引导学生看图理解$\frac{2}{3}$的含义。

（2）五年级（1）班的学生中，会打乒乓球的占$\frac{5}{9}$。

（3）地球表面有$\frac{71}{100}$被海洋覆盖。

鼓励学生找出第（2）（3）个例子中的部分和整体，并说出分数的含义，再次体会分数的好处及含义。

问题 2：分数的意义是什么？

出示$\frac{\square}{\square}$，引导学生概括分数的含义，课件出示分数的意义。

问题 3：分数有单位吗？

提问：这些图的涂色部分都能用分数表示吗？

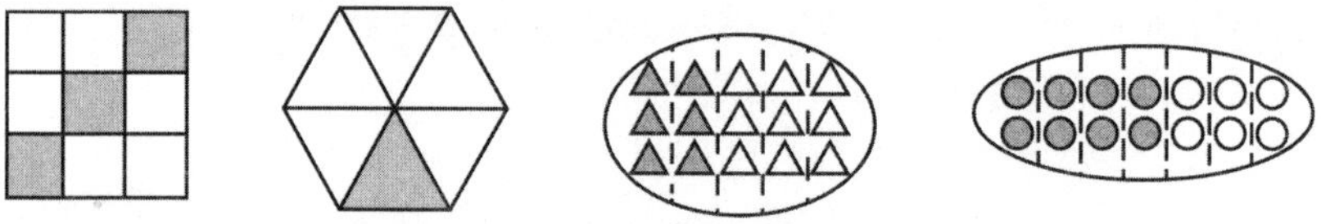

引导学生用分数表示每幅图的阴影部分和非阴影部分。

讨论：观察每组的两个分数，看看它们有什么关系。

学生汇报交流。

指出：把单位“1”平均分成若干份，表示这样的一份或几份的数，叫作分数。表示其中一份的数，叫作分数单位。



引导学生说出每幅图的分数单位。

［设计意图：教学要教在学生的盲点（困惑之处）上，才能与学生的思维合拍，这样的教学才能有效。顺学而教即根据学生的疑问设计教学环节，以对疑难问题的探索推进教学进程。备学中，学生的问题主要关于分数的作用、意义、单位，以及分数与自然数的关系等方面，这些本来就是教学的重难点，教师由此展开教学，既有针对性，又巧妙地突破了重难点。］

四、巩固练习

1. 分一分，感受分数是怎么来的。

提问：阴影部分占单位“1”的几分之几？

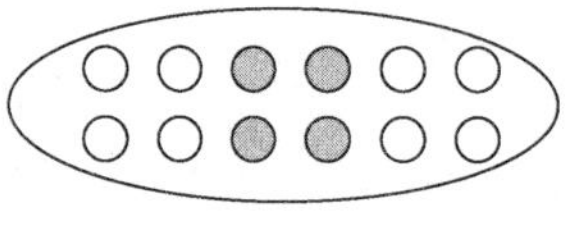

学生在练习纸上先分一分，再用分数表示出来。

反馈时，让学生汇报不同的分法和分数，以及这个分数的意义。

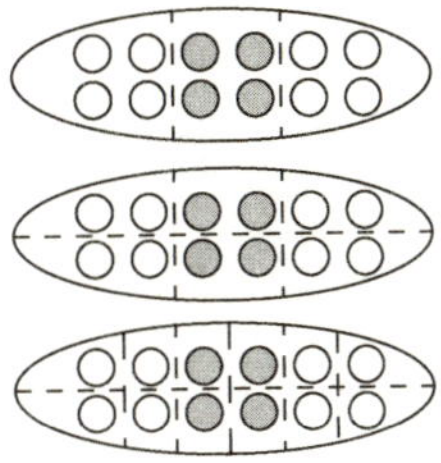

$\frac{1}{3}$ $\frac{2}{6}$ $\frac{4}{12}$

追问：阴影部分同样是4个圆，整体也同样是12个，为什么得到的分数却不同呢？

指出：因为分的份数不同，取的份数也不同。分数就是先分后数，分的份数和取的份数决定了分数的样子。

2. 想一想，感受分数和自然数有怎样的关系。

(1) 如果一块饼可以用1表示，那么两块饼可以用几表示？四块饼呢？

指出：自然数就是用1做单位，然后依次累积上去，得到新的数。

(2) 如果两块饼用1表示，四块饼用几表示？一块饼呢？$\frac{1}{4}$块饼呢？

(3) 如果四块饼用1表示，2块饼用几表示？1块饼呢？$\frac{1}{4}$块饼呢？

指出：分数是用1做单位，不断分下去，随着分的份数不同，得到不同的分数。

讨论：同样是1块饼，为什么会用不同的数表示呢？

指出：单位不同，得到的数也不同。

[设计意图：这两题的设计颇具思维含量。第一题让学生分一分得出分数后，他们充分感受到分数的来源和本质。第二题旨在打通分数与自然数的关系，正如张齐华老师所说："整数也好，分数也罢，都是以1作为标准量后计量的结果。唯一不同的是，整数是1的积，而分数是1的分而已。"的确，当我们把1理解为度量数的一个标准量时，自然数和分数就被统一起来了。]

五、拓展延伸

1. 研究分数墙。

提问：仔细观察，分数墙上的分数具有什么共同的特点？

师生交流，直指分数单位的形式化特征：分子是1的分数就是分数单位。

提问：你还能从分数墙中找到哪些分数？

鼓励学生围绕分数单位计量的本质进行有序思考，如2个$\frac{1}{3}$是$\frac{2}{3}$，5个$\frac{1}{5}$是$\frac{5}{5}$……面对边界齐整的分数墙，发现同一行分数单位累加的值都等于1。

提问：分数墙有什么作用？

指出：利用分数墙可以比较大小，还可以进行分数加减法的计算。

2. 激趣游戏。

按要求取物。

(1) 分别拿出A和B的$\frac{1}{2}$，一定一样多吗？

(2) 分别拿出A的$\frac{1}{5}$和B的$\frac{1}{3}$，一定不一样多吗？

学生尝试取物，再次感受单位“1”的重要性。

3. 后续研究问题。



课件出示学生备学中提出的典型问题。

(1) 分数与除法有什么关系？

(2) 分数的性质是什么？

(3) 什么是真分数、假分数？

……

指出：今天的学习只探索了分数的冰山一角，今后同学们还可以去研究更多有关分数的问题。

[设计意图：分数墙是由若干个不同分数单位组成的总值等于1的长方形叠起来的图形，当每层涂上不同的颜色时，就成为一面五光十色的墙体。“分数墙上的分数具有什么共同的特点？”这一问题引领学生直指分数单位的形式化特征。“你还能从分数墙中找到哪些分数？”这一问题引领学生借助直观，围绕分数单位计量的本质进行有序思考，并发现同一行分数单位累加的值都等于1。尝试取物游戏，让学生再次感受单位“1”的重要性。而后续的问题，为学生今后对分数的学习打开了一扇窗，使他们感到虽然课结束了，但研究才刚开始，使他们带着问题走出教室，这样的课堂

才具有张力和活力。]

【教学反思】

我一走进教室，五年级（3）班的学生就报以热烈的掌声，露出纯真的笑脸，闪动期盼的目光，让我心生感动。有人说，教学无非“关系”二字。的确，建构良好的师生关系，是教学成功的首要因素。这算是一个良好的开端吧！对于分数的再认识，课前我一直在思考，教学的重点应该放在哪里呢？怎样使学生的思维提升显得更加自然和厚重呢？这是每位数学教师都应该面对和思考的。

第一，建模，让分数内涵更丰富。

从泛化角度讲，每个分数都是一个模型。比如，$\frac{3}{4}$可指把一个物体、一个计量单位或由一些物体组成的整体平均分成 4 份，表示这样的 3 份。这样的例子不胜枚举，抽象为$\frac{3}{4}$，凸显了分数内涵的丰富性。其他分数也是如此，每个分数的背后都有丰富的例子做支撑。挖掘出分数背后的隐藏例子，能让分数的内涵更丰富，也渗透了一种建模思想。

第二，比较，让分数特质更凸显。

先分后数，这是分数的特质，也是产生分数的必备条件。巩固练习中，呈现 12 个圆为一个整体，其中 4 个圆涂了色，让学生分一分，并用不同的分数表示。学生采用三种不同的分法，得到三个不同的分数。这时，教师追问：“阴影部分同样是 4 个圆，整体也同样是 12 个，为什么得到的分数却不同呢？”通过比较和辨析，学生认识到：分数跟平均分的份数及取的份数密切相关。这样的比较活动，让分数的特质彰显无疑。

第三，联系，让分数结构更宽广。

单位“1”对分数而言，意义重大。但分数和自然数就毫不相关吗？当我们把“1”理解为度量数的一个标准量时，自然数和分数就被统一起来了。教学时，借助饼的块数和单位“1”的变化，通过“1”这个起点，把分数纳入一种新的关系中，分数不仅表示部分与整体的关系，还是单位“1”往和自然数相反的方向度量的结果。显然，如果我们在数轴上来表示分数，就能更容易理解这一点。

# “间隔规律”教学设计与反思

【教学内容】

三年级上册“间隔排列”中的内容。

【教学目标】

1. 感受、应用一一对应的思想，探索发现间隔排列的两种物体的个数之间的关系，以及类似现象中简单的数学规律，能联系发现的规律解释一些生活现象并解决一些简单的实际问题。

2. 经历探索、交流的过程，培养发现规律的能力，初步形成回顾与反思规律探索过程的意识。

【教学重难点】

理解并掌握间隔排列的两种物体的个数之间的关系，并能解决相关的实际问题。

【教学过程】



一、准备先行

课前（或课始）学生独立解决以下备学问题。

1. 想象一下，男生、女生排队，第一个是男生，然后是女生，再后是男生，再后是女生……男生、女生一个隔着一个地排下去。请画图表示。

2. 这样的排列有什么特点或规律？写出你的三个发现。

3. 提出关于物体排列的三个问题，进行小组讨论。

教师根据学生的备学情况进行教学的二度设计。

[设计意图：学生对生活中的一些规律排列并不陌生。备学问题采用的是学生熟知的男生、女生排队的例子，旨在激活学生有关排序的经验。同时，学生对这一规律的个性化理解和疑问，将成为本课学习的课程资源。]

二、经验分享

投影展示学生对第1道备学题的不同画法（由繁至简，由形象到抽象），让学生感受到学习数学其实就是在学习一种越来越简洁的表达方式。

借助学生的作品，进行引导。比如，圆形代表男生，三角形代表女生。

提问：如果继续画下去，下一个会是什么图形？再下一个呢？那么，第 20 个呢？第 99 个呢？第 108 个呢？看来，这两种图形的排列是有规律的，究竟有什么规律呢？

师生共同发现：圆形和三角形是一个隔着一个排列的，两个圆形中夹着一个三角形，或者说，单数位置上是圆形，双数位置上是三角形。

指出：像这样，两种物体一个隔着一个排列，我们称之为一一间隔排列。

提问：对于两个物体的这种排列现象，你想研究哪些问题？

学生提问后，教师画出简单的思维导图。

[设计意图：经验分享是学生个性化理解的展示阶段，通过呈现学生画的由繁至简的排列作品，一方面展示了学生的学习成果，另一方面凸显了抽象化和符号化的思想。由此，学生初步感受到了一一间隔排列的样态，在此基础上，学生提出的问题就成了他们继续学习的助力器。]

三、问题研讨

过渡：同学们提出了非常有价值的问题，接下来，我们就带着这些问题去研究。

研究之一：一一间隔排列的两种物体，它们的个数有着怎样的规律呢？

1. 我们已经认识了一一间隔排列现象，谁愿意到前面来，给大家表演表演？按照一一间隔排列的要求站队。

先请两名男生和两名女生到前面站队。

提问：再增加一名女生，怎样站呢？如果再增加一名女生，还能一一间隔排列吗？为什么多了两名女生就不能按要求站队了？该怎么解决呢？

学生填写下表。

| 序号 | 第一种的个数 | 第二种的个数 | 能否一一间隔 |
|---|---|---|---|
| ① | 2 | 2 | √ |
| ② | 2 | 3 | √ |
| ③ | 2 | 4 | × |
| ④ | 3 | 4 | √ |
| | | | |
| | | | |
| | | | |
| | | | |

2. 想象概括。

(1) 想象：下列每组的两种物体能一一间隔排列吗？四人小组合作，每人选一种画图验证。(可用符号代表两种物体)

① 4 棵杨树，4 棵柳树。

② 5 朵红花，4 朵蓝花。

③ 4 支铅笔，7 块橡皮。

④ 10 台电脑，11 个鼠标。

学生活动、交流，继续填表。

| 序号 | 第一种个数 | 第二种个数 | 能否一一间隔 |
|---|---|---|---|
| ① | 2 | 2 | √ |
| ② | 2 | 3 | √ |
| ③ | 2 | 4 | × |
| ④ | 3 | 4 | √ |
| ⑤ | 4 | 4 | √ |
| ⑥ | 5 | 4 | √ |
| ⑦ | 4 | 7 | × |
| ⑧ | 10 | 11 | √ |



(2) 对比概括。

提问：对照表格中的这几种情况，能对一一间隔排列的情况进行分类吗？

得出：一一间隔排列的两种物体，一种是个数相等，另一种是个数相差 1。

研究之二：一一间隔排列中，两种物体的个数有时相等，有时相差 1，这是为什么？

1. 出示教材中的例题。

提问：怎样判断出哪种物体多？

说明：一一对应是一种重要的数学思想。

2. 抽象概括。

提问：刚才我们用符号表示了两种物体，能不能用符号表示夹子和手帕呢？

明确：用●表示夹子，用▲表示手帕。画一画就明白了，前面的圆形和三角形一一对应，最后一个圆形没有对应的三角形，所以夹子比手帕多1。

小兔和蘑菇、木桩和篱笆同上。

得出：用分组（一一对应）的方法，很容易看出哪种物体多。若两端物体相同，则两种物体的个数相差1。

（3）建立模型。

① 圆形可以表示任意一种物体，三角形可以表示任意另一种物体。（课件演示●▲●▲●▲……●▲●）

② 如果后面去掉一个●或者添上一个▲呢？

得出：两端物体不同，两种物体数量相等。

[设计意图：根据学生提出的问题，本环节重点研究了一一间隔排列的两种物体的个数规律及其成因。研究间隔物体的个数时，主要采用排队、想象和画图验证等直观方法，促使学生积累了丰富的经验，据此再进行分类概括，建立一一间隔的模型，就显得水到渠成了。]

四、巩固练习

过渡：刚才我们一起深入研究了一一间隔排列的规律，这种规律有什么用呢？

1. 试一试。

（1）20只小兔站成一排，每两只小兔中间有一个蘑菇，一共有多少个蘑菇？

（2）把20块手帕像教材例题中的那样夹在绳子上，一共需要多少个夹子？

（3）你还能提出其他类似的问题吗？同桌之间互相提问，并解答。

2. 做一做。

请你设计一串珠串，要求如下：如果把红珠子与蓝珠子一个隔一个地排成一行，红珠子有10个，蓝珠子可能有几个？

反馈交流，学生说出三种答案，教师依次呈现。

3. 赏一赏。

提问：生活中，你见过一一间隔排列的现象吗？

学生自由交流。

出示图片，让学生欣赏生活中一一间隔排列的现象，最后总结出一一间隔排列的规律。

[设计意图：教材上的情境问题，是对一一间隔规律的巩固；设计珠串的问题具有一定的开放性，需要学生动手、动脑，通过不同的穿法，再次体会一一间隔物体个数的规律；列举生活事例，是对规律的又一次直观感知，同时也彰显了间隔规律的价值。练习由易到难，体现了一定的层次性。]

五、反思拓展

1. 反思：回顾刚才探索和发现的过程，你有什么收获？还有问题吗？

形成共识：两种物体一个隔一个地排成一行，它们的数量可能相等，也可能相差1。

2. 拓展：有同学想到了其他的排列方式（课件出示），其中又有怎样的规律呢？以后，我们将继续研究排列中的规律！

指出：坦普·倍尔说："数学的伟大使命在于从混沌中发现秩序！"只要用心去观察、思考，我们就能发现更多的规律！

3. 思考题：钟声敲5下用了8秒，如果敲10下，要用多长时间？

[设计意图：课尾的反思，有助于学生对所学知识进行梳理，形成一个比较牢固的知识结构。但课的结束，并不意味着研究的结束。最简单的间隔问题是一个一个物体的间隔排列，那会不会存在两个两个物体甚至更多物体的间隔排列呢？这是学生的疑问，也是知识拓展的良好契机。因此，这时呈现学生的排列作品，既是一种对问题的回应，更是一种视野的拓展，将一一间隔排列问题与之后要学习的周期规律巧妙结合，体现其一脉相承的特质。挖掘至此，课虽结束，但余音缭绕，使人回味无穷。]

【教学反思】

教学中，我们坚守"学为主导"的理念。"学为主导"就是以学生的学习为主导。每个学生的学习有共性，但也会呈现差异性。在学习过程中，不同群体的表现也是共性和差异性共存的。顺应了学生的学习状况，学生的主体作用才可能得以发挥，这样的课堂才可能呈现出精彩。本节课主要想体现如下几个层面的思考。

第一，顺应学生的数学现实。

数学现实是指学生已有的认知经验、思维方式、解题策略以及相关的数学知识结构。关注学生的数学现实，应成为教师的一种自觉行为。因为一个数学知识之所以这么教而不是那样教，在某种程度上，不是由教学法和心理学原理所决定的，而是由学生的数学现实和数学的学科本质决定的。备学，使教学前馈成为可能。备学中呈现出来的三个发现和三个问题，使教师对学生的认知情况有了较全面的了解，据此进行的二度设计便更能贴近学生，也更能发挥学生的主动性和能动性。而且，前馈信息为教师以学定教、按需施教提供了帮助。比如，学生在备学中也写出了自己发现的一些特点：男生和女生是一个隔一个排成一行的；单数位置上是男生，双数位置上是女生；两个男生中间是一个女生。有的学生还发现：如果两头都是男生或都是女生，男女生的数量就相差1；如果一头是男生，另一头是女生，男女生的数量就相等；如果男女生的总数是双数，那么男生和女生的数量就一样多；如果男女生的总数是单数，那么男生和女生的数量就相差1。这些都表明，学生对一一间隔规律已经有了一定认识，有些学生甚至已经有了相当强的概括能力，这些都是教学的基础。当然，备学只是了解学生情况的一个重要途径，教师也可以通过观摩教学、反省得失、阅读资料等方式了解学情。

第二，顺应学生的学习需求。

“顺学而展”意味着，教师应顺应学生的问题和需求开展教学，以此激发学生的参与热情。但这种顺应应是围绕着学生身心发展的总目标进行的，并非无原则的“脚踩西瓜皮”。设计备学问题时，总会有让学生提问的要求。有些教师总担心学生不会提问，或者怕学生提问后自己无法把控教学进程。事实上，对任何新知识，学生都会有自己的问题：这些一一间隔排列的物体之间到底有什么关系？每组物体在排列上有什么特点?”“什么情况下男生和女生一样多？什么情况下男生比女生多1个？为什么是多1个而不是多2个?”“10个男生站成一排，每2个男生中间间隔1个女生，一共多少个女生？男生与女生的数量可能有什么关系?”……学生提出的很多问题都很有价值，最重要的是教师要引导学生提炼出主要问题，对一些简单或无关的问题不必过多关注。

第三，顺应学生的认知规律。

“顺学而展”还意味着，教师要研究学生的认知规律。教师教学时要从具体到抽象，从个别到一般，由浅入深，由感性到理性，循序渐进，让学生获得丰富的体验。比如，呈现学生对第1道备学题的不同画法时，我先呈现的是具体的男女生排列图，然后是相对简单的图式，后来是一些简单的符号，这其实就是一个抽象的过程。通过备学，学生提出关于新知的问题，师生共同提炼出主要问题，再顺应这些问题组织教学，这样的教发端于学生的学，这样的学才是符合学生的认知规律的。

“学为主导”的课堂，需要教师经过刻苦钻研，吃透教材，深入了解学生的需要，悟透学生的心理特征。此外，教师要精心设计教学流程，而不能露出斧凿痕迹，要顺其自然而又不失规范地引领学生学习。教师只有以人为本，顺学而展，才能打造出高效的、充满智慧的课堂。“路漫漫其修远兮，吾将上下而求索。”教学是复杂而充满变化的，精彩的课堂是可遇不可求的。“顺应主体”是课堂的理想境界，“学为主导”是每位教师努力的方向。



## “确定位置”教学设计与反思

【教学内容】

六年级下册“确定位置”中的内容。

【教学目标】

1. 通过备学问题激活有关确定位置的经验，在具体情境中初步理解北偏东（西）、南偏东（西）的含义，会用方向和距离描述物体的位置。

2. 经历描述物体方向（角度）和距离的过程，进一步培养观察能力、识图能力、有条理地表达的能力，发展空间观念。

3. 比较学过的确定位置的方法，形成系统思考的方式。

4. 体验数学与生活的密切联系，进一步提高用数学眼光观察日常生活现象的能力。

【教学重难点】

1. 认识四个新的方位词，会用方向和距离描述物体的位置。

2. 掌握确定位置中角度的测量方法。

【教学过程】

一、准备先行

课前（或课始）学生独立解决以下备学问题。

1. 你知道哪些确定位置的方法？分别是怎样确定位置的？

2. 我们学过的这些确定位置的方法有怎样的联系？

3. 关于确定位置，你还想学什么？还有什么疑问？提出关于确定位置的三个问题。

教师根据学生的备学情况进行教学的二度设计。

[设计意图：对学生而言，确定位置并不陌生，从一维（直线）到二维（平面）的确定位置，从模糊（用方向）到精确（用数对）地确定位置，学生已积累了丰富的定位经验。备学问题的目的旨在激活学生有关确定位置的生活经验、知识经验、思维经验，将新学习的内容放在一个更广阔的世界中，打通与之前所学知识的联系，形成一个有关确定位置的知识体系。]

二、经验分享

1. 组内交流。

四人小组交流备学收获，提炼出主要的发现和问题。

2. 全班分享。

提问：你知道哪些确定位置的方法？分别是怎样确定位置的？

学生回答时，教师出示相应内容。

[设计意图：备学后，小组内的经验分享旨在给每个成员一个畅所欲言的机会。对于确定位置，学生并不陌生，这样的交流机会能激发他们的学习主动性，树立他们学习数学的信心，鼓励他们提出关于确定位置的问题。简单问题组内即可自行解决，重要而典型的问题将被提炼出来，并在全班交流研讨，与后续学习有关的问题则被暂时搁置，放到课后去研究。恰当的交流和分享，能进一步梳理确定位置的知识体系，将零散知识串成线，促进学生结构化思维的发展。]

三、问题研讨

1. 自主质疑。

提问：关于确定位置，你还有什么问题？

鼓励学生提问，以便带着问题进行下面的学习和研究。

2. 问题探究。

学生提问后，师生梳理出典型而重要的问题。

(1) 还有其他确定位置的方法吗？

① 创设情境。

课件呈现大海上A号航船发出求救信号，被灯塔上的观测人员发现的场景。

提问：灯塔上的观测人员会怎样描述A号航船所处的位置呢？

学生任意说，可能会出现如下说法：遇险船只在北面；遇险船只在灯塔的东北方向……

指出：大家能结合自己已有的知识来思考问题，说出自己的想法，非常好！

提问：请大家再想一想，像刚才这样描述，能准确找到A号航船的位置吗？

② 自主探究。

为每个小组提供一张练习纸。

课件出示学习要求：用你们认为最简洁、最准确的方式描述A号航船的位置，并写在练习纸上。

学生自己尝试。教师巡视，引导，了解学生的探究情况。

③ 交流分享。

请各小组介绍自己的描述方式，投影反馈。

预设1：A号航船在灯塔的东北方向15千米处。(教师追问计算方法)

预设2：A号航船在灯塔的北向东再过去30°方向，距离灯塔15千米处。(可让学生上台用手势比画)

预设3：A号航船在东向北过去60°方向，距离灯塔15千米处。(可让学生上台用手势比画)

预设4：从灯塔出发，先向北走大约12千米，再向东走大约9千米，

就能到达 A 号航船的位置。（引导其他学生进行评价，这种方法虽然并不简洁，但要予以肯定）

④ 揭示方法。

提问：刚才几位同学的说法有什么相同的地方呢？

引导发现：都是以灯塔为起点，到达 A 号航船这个终点，即以灯塔为观测点，来表示船只的位置。

指出：大家都能结合已有知识解决这个问题，并尝试用更简洁、更准确的方式描述 A 号航船的位置，每种方式都有一定的道理。其实，在数学中，我们有统一的说法。

教师给出提示，介绍规范的表达方式，明确以北和南为起始方向的原因，然后要求学生按标准描述 B 号航船、C 号航船的位置，并反馈巩固。

⑤ 深度思考。

提问：一定需要方向和距离这两个信息吗？如果去掉一个信息，就不能准确表示物体的位置了吗？

课件出示：

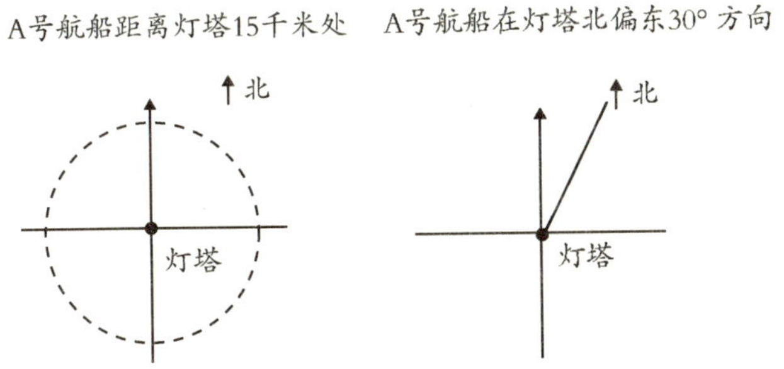


提问：只知道 A 号航船处于距离灯塔 15 千米处，能知道它的确切位置吗？它可能在哪里？

引导发现：若只知道距离，这时候，A 号航船的位置是在以灯塔为圆心，半径为 15 千米的圆上。

提问：如果只知道方向、角度呢？

引导发现：如果只知道方向、角度，A 号航船就在一条射线上，也不能准确确定位置。

得出结论：只有知道了方向和距离这两个信息，才能找到一个具体的点表示 A 号航船的位置。

揭题：今天我们学习的就是用方向（角度）和距离确定位置。

（2）我们学过的这些确定位置的方法有怎样的联系？

第一次比较：

课件出示五年级上册教材中“用数对确定位置”的页面。

追问：第几组第几个、第几排第几个与第几列第几行等说法，有什么相同的地方？

引导发现：这些方法都是用两个数确定了一个位置（点），比较精确。

第二次比较：

课件出示二年级下册教材中“认识方向”和五年级下册教材中“用数对确定位置”的页面。

追问：用方向确定位置和用数对确定位置，哪个更精确？

引导发现：用方向确定位置确定的只是一个范围（面），而用数对确定位置确定的是一个点，后者更加精确。

第三次比较：

课件出示用数对确定物体的位置与用方向（角度）和距离确定位置的方法。

小组讨论：用数对确定位置，跟今天学习的用方向（角度）和距离描述物体的位置有什么联系呢？

学生汇报交流，并最终发现：

① 两种方法都需要有一个观测点作为观察或描述的起点，也都需要从起点到达终点。

② 两种方法都需要用到两个重要条件才能准确地确定物体的位置。

［设计意图：备学中，学生提出了一些问题，如还有其他确定位置的方法吗？这些确定位置的方法之间有什么联系？这显然也是本课的研究重点。带着问题去研究，无疑能激发学生的探究欲望。借助救援情境，引导学生分组研究确定A号航船的位置，汇报交流时，学生呈现的方法可能不够完善，但在相互补充中，便能逐渐揭示用方向（角度）和距离确定位置这一新方法。通过深度思考，学生领会到，方向（角度）和距离是精确确定位置的两个要素，缺一不可。通过与之前所学的确定位置的方法进行比较，了解了这些方法之间的联系，这时，学生所学的关于确定位置的知识

再也不是孤立的，而是形成了一个有机联系的整体。]

四、巩固练习

1. 基本训练。

课件出示暨阳湖欢乐世界的平面图。

提问：我们的位置在入口处，根据图上的信息，你能准确描述“激情碰撞”“摩天轮”“奇境漂流”这三个景点的位置吗？

（1）独立完成。

出示练习单，学生独立确定三个景点的位置，完成练习单上的填空题。

（2）集体交流。

①“激情碰撞”在我们的北偏东65°方向2400米处。

追问：“激情碰撞”那里没有角度，你是怎么知道的？

学生回答是用量角器量的，教师指名量。

回顾用量角器测量的方法：测量前，首先得搞清楚要量的是哪个角的度数，然后把量角器的中心对准观测点，0刻度线一般与南北线重合，这样就能很快读出所要量的这个角的度数了。

②“摩天轮”在我们的南偏西60°方向1800米处。

追问：“摩天轮”为什么不是在南偏西30°方向？应该以什么方向为基准？

③“奇境漂流”在我们的南偏东60°方向1200米处。

（3）寻找“矿山车”。

提问：“矿山车”在我们的北偏西40°方向600米处。它在哪里呢？

学生试着在纸上画出来，投影反馈。

2. 寻宝游戏。

提问：宝盒在“矿山车”的北偏东20°方向1200米处，到底哪面小旗的所在地是宝盒的正确位置？看谁先找到。

学生尝试，反馈时教师组织学生研究：这个宝盒在“矿山车”的北偏东20°方向，和刚才相比什么发生了变化？（观测点）

指出：这里的观测点不再是我们所处的位置，而是“矿山车”所处的位置。所以，确定位置时，要注意找准观测点。

[设计意图：练习设计联系生活实际，用暨阳湖欢乐世界作为素材，调动了学生解题的欲望。同时，练习设计由浅入深，由基本训练走向拓展训练。用方向（角度）和距离确定位置，找准角度是难点，也是容易混淆之处。最后的游戏，通过辨析，让学生领会了观测点的重要性。]

五、总结延伸

1. 总结回顾。

提问：今天我们学习了用方向（角度）和距离确定位置，你有什么体会？还有问题吗？

课件出示学生备学中的典型问题。

（1）这样的定位有什么好处？

（2）我们还可以用什么工具来确定位置？

（3）在不同的情况下，哪一种方法最合适、最简单？

……

2. 生活中的确定位置。

生活中，确定位置无处不在，汽车行驶、飞机飞行、火箭发射、卫星升空等都需要用GPS，也就是卫星全球定位系统来确定位置，这是一种非常精确的定位技术。这种技术看似复杂，实际上是以我们学过的方法为基础的，希望大家课后去研究更多有关确定位置的问题。

[设计意图：总结回顾之余，教师不妨问问学生是否还有其他问题，因为疑问是后续学习的推动器。课堂时间很有限，也很宝贵，不可能解决学生的所有问题。备学中学生提出的一些问题，有些可以忽视，有些可留待学生课后思考，将学习战线拉到课外。GPS的揭示，又将学习和生活融合起来，表明数学无处不在，值得我们不断探索。]

【教学反思】

确定位置这一内容，学生对此并不陌生，他们除了在生活中不间断地接触，教材从一年级也开始有所呈现。在这种情况下，用方向（角度）和距离确定位置的着力点应该放在哪里？以往我们总是想方设法创设一个激活学生需求的问题情境，引领学生去探索、感受这种方式存在的必要性，这样固然能凸显用方向（角度）和距离确定位置的特质，但似乎总感觉缺少些什么。怎样把用方向（角度）和距离确定位置放在一个更宽广的“关系”视域下呢？这是课前我一直在思考的问题。这节课虽然上得有些仓促，但基本的意图还是呈现了出来。

第一，备学梳理，激活定位经验。

备学中的第一个问题“你知道哪些确定位置的方法？分别是怎样确定位置的?”旨在激活学生有关确定位置的生活经验和知识经验，将新学习的内容放在一个更为宽广的背景中。通过分享、补充和梳理，学生对以往所了解的确定位置的知识会有更为系统的理解，这为学习新知识奠基了经验基础。备学的第三个问题是让学生提出关于确定位置的三个问题，带着问题学习，这是把学习推向深入的举措，能激活学生关于定位的思维经验。

第二，自主探索，增强定位体验。

呈现 A 号航船遇险的情境后，我设计了这样的问题：灯塔上的观测人员会怎样描述 A 号航船所处的位置呢？学生说出不完善的描述位置的方式后，我并未立刻揭示新概念，而是引导学生进行小组合作，共同寻找更简洁、更准确的确定位置的方式。交流展示时，学生汇报了自己的描述方式，我肯定了这些方式的合理性，经过交流补充再揭示统一的说法：A 号航船在灯塔的北偏东 30°方向 15 千米处，并顺势强调了以南、北为基准确定方向的国际惯例。经历了这样的探索活动，新知的得来便是基于生长点的，在补充和完善中增强了学生的定位体验。

第三，打通联系，拓宽定位视野。

备学中的第二个问题“我们学过的这些确定位置的方法有怎样的联系?”旨在让学生用关系思维去审视这些确定位置的方法。新知教学后，重点研究了这些确定位置的方法之间的关系，进行了三次比较：第一次，将第几组第几个、第几排第几个与第几列第几行等说法进行比较，突出这些方法的共同点：都是用两个数确定了一个位置（点），比较精确。这些说法虽然表面看上去不同，但本质上都是跟用数对确定位置是一致的。第二次，将二年级下册中的“认识方向”和五年级下册中的“用数对确定位置”进行比较，让学生感受到：用方向确定位置只是确定了一个区域，比较模糊，而用数对确定位置是确定了一个点，更精确。第三次，沟通用数对确定物体的位置与用方向（角度）和距离确定位置的联系，引导学生发现：这两种方法都需要有一个观测点作为观察或描述的起点，也都需要从起点到达终点；两种方法都需要用到两个重要条件才能准确地确定物体的位置。打通确定位置的各种方法之间的联系，能建构一个较为完整的知识体系，拓宽学生的视野。

## “一一列举”教学设计与反思

【教学内容】

五年级上册“解决问题的策略”中的内容。

【教学目标】

1. 通过备学，激活相关经验，为建构模型奠定基础。

2. 在解决问题中，进一步感受一一列举的特点和价值。

3. 关注解决问题的全过程，培养解决问题的理性精神。

【教学重难点】

1. 对问题进行分析、构想，灵活应用一一列举的策略解决实际问题。

2. 发展思维的条理性和严密性。

【教学过程】

一、准备先行

课前（或课始）学生独立解决以下备学问题。

1. 用 2、3、4 这三个数能组成多少个不同的三位数？请你列举出所有可能组成的三位数。在列举过程中，你有什么发现？

2. 在以前的学习过程中，我们用列举的方法解决过哪些问题？请举出三个例子。

3. 提出关于列举的三个问题，进行小组讨论。

教师根据学生的备学情况进行教学的二度设计。

［设计意图：备学问题旨在激活学生的经验，为进一步学习奠定基础。］

二、经验分享

1. 回忆：我们已学过哪些解决问题的策略？

学生任意说。

2. 分享：我们围绕解决问题的策略进行了备学，下面我们就来分享同学们的备学成果。

小组成员交流备学收获，提炼出主要的发现和问题。

小组汇报第1道备学题。

追问：在列举过程中，你有什么发现？（突出有序的思想，以及不重复、不遗漏的特点）

揭示：像这样把所有可能的情况按照一定的顺序，有条理地列举出来，从而找到问题的答案的策略叫作一一列举。

3. 回顾：其实，一一列举并不是什么新策略，大家想一想，我们以前还在哪里用到过一一列举呢？

学生任意回答，课件出示“分与合”“乘法口诀”“搭配规律”“排列小数”等教材页面。

指出：解决生活问题时，我们常会用到一一列举这一策略。

4. 提问：关于列举，你还有什么问题呢？

根据学生的提问，教师画出简单的思维导图。

指出：今天，我们要继续带着这些问题进行学习。

[设计意图：对于数的排列问题，学生驾轻就熟，此处重在使学生感受有序性。关于列举的例子，学生有一定的感受，但很难说具体，课件出示旧知的教材页面，帮助学生回忆，激活学生的知识经验。学生对列举虽有些了解，但毕竟不深入，心中不免存疑。让学生提出问题并带着问题去学习，这些问题就成了学生后续学习的助推器。]

三、问题研讨

1. 创设情境：最近，羊村要举行运动会，羊羊运动会的场面还挺大的呢！

播放动画片《羊羊运动会》。

出示问题：慢羊羊用18条1米长的绳子围一个长方形休息场地，怎样围面积最大？

提示：解决问题需要方法，也需要一定的步骤。我们首先要分析已知条件和问题，设想解决问题的思路，然后开始尝试解决问题。

2. 小组研究。

四人小组根据研究单的提示进行合作，共同解决问题。

以下是研究单内容。

(1) 分析：根据已知条件和问题，你能想到什么？

(2) 设想：你打算怎么解决这个问题？

(3) 尝试：列举出长方形的长和宽，再进行选择。

3. 交流展示。

小组派代表上台交流，鼓励其他学生补充或提问，教师点拨，不断完善。

(1) 分析：根据已知条件和问题，你能想到什么？

学生可能发现：长方形的周长是18米，长与宽的和是9米，围成的长方形的长和宽都是整米数。

(2) 设想：你打算怎么解决这个问题？

学生可能发现：可画出不同的长方形，再分别计算它们的面积；也可先求出长方形长与宽的和，再通过列举计算面积。

(3) 尝试：列举出长方形的长和宽，再进行选择。

学生汇报，可能采用画图、列表等方法。



教师适时追问：这样列举有遗漏、有重复吗？你对这样列举有什么想法？

4. 课件演示慢羊羊操作绳子一一列举的过程。

指出：画图、列表等策略能帮助我们有顺序地一一列举。解决问题的时候，我们往往需要综合运用一些策略。

提问：一一列举这种策略有什么优点呢？

再次强调：有序、不重复、不遗漏。

5. 提问：如果你是慢羊羊，会选择哪种方案？为什么？

计算4个长方形的面积，并比较。

指出：列举后，要对结果进行比较，这样才能做出选择。一一列举能帮助我们进行决策。

讨论：观察围成的长方形的长、宽和面积，你有什么发现？

得出：在周长相等的情况下，长和宽相差越大，它们的面积就越小；长和宽相差越小，它们的面积就越大。

追问：如果把“1米长”这个条件去掉，改成用18米的绳子去围长方形，怎样围面积最大呢？

得出：在这道题里，周长相等时，正方形的面积最大。

6. 提问：回顾解决问题的过程，你有什么体会？

学生可能发现：有些实际问题可以通过列举来解决；按一定顺序列举，能做到不重复、不遗漏；最重要的是要学会对列举的结果进行比较，并做出选择。

指出：一一列举很重要，它能帮助我们做出决策。解决问题一般都要经历分析、设想、尝试、决策、回顾等过程，按照这样的思路解决问题，就能做到快捷而高效。

[设计意图：在羊羊运动会的情境中呈现研究问题，激发了学生的学习兴趣。在解决慢羊羊用绳子围休息场地的问题中，学生进一步感受到一一列举的特点和价值，并学会根据列举结果进行比较和决策。此处并不仅仅局限于引导学生掌握一一列举这一策略，而是使学生从“需要解决什么问题”“如何解决这个问题”“这样解决对吗”“有什么收获和体会”等角度展开思考，关注解决问题的全过程，使学生在掌握策略的同时培养解决问题的理性精神。]

四、巩固练习

1. 赛程问题。

创设情境：准备工作做好了，羊羊们还关心一个问题，那就是各项比赛的时间是怎么安排的呢？

课件出示以下问题。

羊羊运动会每隔一段相等时间就会安排一场比赛。已知上午9:00、9:40、10:20和11:00有比赛，那么下面哪些时刻也会有比赛呢？

A. 13:00　　B. 14:40　　C. 15:40　　D. 16:00

课件出示如下研究思路。

(1) 分析：根据已知条件和问题，你能想到什么？

(2) 设想：你打算怎么解决这个问题？

(3) 尝试：列举出后面的时刻，再进行选择。

同桌之间一起研究，说出分析和设想，然后尝试。

全班学生分析和构想，展开生生间的有效互评。

追问：回顾一下，我们是怎样解决这个问题的？（这道题采用了什么策略？在一一列举之前，先要做什么？）

指出：在列举之前，先要找规律，一一列举之后，再进行选择。

2. 飞镖问题。

创设情境：紧张的比赛开始了，我们一起去看一下吧！

出示投飞镖的画面及比赛规则：投中内圈得 10 环，投中中圈得 8 环，投中外圈得 6 环。

邀请三名学生投掷飞镖，根据投掷情况体验：两次投中不同环、两次投中同一环、一次投中一次投不中。

出示问题：喜羊羊投中两次，可能得多少环？（列举出所有可能的情况）

学生汇报交流。

回顾：解决这个问题时，你有什么体会？

得出：先分类，然后进行列举，最后分析选择。

［设计意图：练习仍是在羊羊运动会情境中推进的，第一题重在凸显找规律再列举，第二题重在突出先分类再列举。引导学生灵活运用列举策略的同时，更重要的是让学生掌握解决问题的步骤，即先分析，再设想，随后尝试和决策，最后回顾反思。在规范的过程中，提升学生解决问题的理智感和灵活度。］

五、总结延伸

总结：今天这节课你有什么收获？还有什么问题？

延伸：羊羊运动会仍在如火如荼地进行着，懒羊羊也已经投掷了两次飞镖，可能出现什么情况？可能得到多少环呢？同学们可以运用今天学习的解题策略探寻答案。（如时间紧张，可放在课后解决）

［设计意图：课尾的总结，并不仅仅局限于对知识进行梳理，更重在鼓励学生提问，让学生带着问题走出课堂，力争激发学生后续研究的热情。］

【教学反思】

本课教学的目的不在于找到问题的答案，而在于形成解决问题的策略和能力。让学生经历策略的形成过程，是解决问题教学所追求的重要目标。本课教学设计有以下几个优点。

第一，盘活策略经验。

学习任何知识，都会受原初经验的影响。就列举而言，学生之前就接触过，无意中也使用过，虽然未必知道这一专业术语，但他们有这方面的认识和经验，即学生对策略的认识处于潜意识阶段。课前，我设计的备学问题旨在激活学生关于列举的经验，为进一步学习奠定基础。

第二，感知策略特点。

生动活泼的学习活动，有助于深化学生获得知识的意识与感受。备学后，课堂的交流展示尤为必要。小组的分工交流，旨在提炼主要的发现和问题，重在解决学生力所能及的问题，全班展示交流的则是一些典型的发现和问题。对于用 2、3、4 这三个数组成三位数，学生驾轻就熟，很轻易就报出了答案，在这种情况下，我继续让学生感受列举的有序性，并顺势出示旧知的教材页面，引领学生回忆，使学生在具体情境中再次感知列举策略的特点。

第三，提炼策略模型。

让学生亲身经历将实际问题抽象成数学模型，并进行解释与应用的过程，能帮助学生更好地理解策略。在教学列举策略时，我创设了羊羊运动会的情境，随着对围休息场地、安排赛程、进行飞镖比赛等问题的深入研究，学生所遇到问题的类型在不断变换，而解决这些不同类型问题的策略始终如一，都运用了有序列举的策略，区别只在于有些是先找规律再列举，有些是先分类再列举。列举策略的模型愈发凸显，学生对策略的理解也越来越深刻。

当然，这节课也存在一些缺憾。经历了策略的探索过程，对时间就很难把握，练习的量明显不足。

### “圆柱和圆锥整理与练习”教学设计与反思

【教学内容】

六年级下册“圆柱和圆锥”中的内容。

【教学目标】

1. 通过回忆、整理，系统梳理圆柱与圆锥的特征及圆柱、圆锥的表面积和体积计算公式，提高自主获取知识与概括知识的能力。

2. 带着问题参与学习，在质疑、讨论、合作中发展空间观念，并进一步提高运用圆柱、圆锥知识解决实际问题的能力。

3. 在交流展示、合作探究等活动中，感受数学的价值，培养学数学、用数学的意识和创新精神。

【教学重难点】

1. 掌握圆柱与圆锥的相关特点与特征，并能熟练地运用公式计算圆柱、圆锥的表面积和体积。

2. 通过对知识进行系统整理与综合运用，提高自主获取知识、概括知识、运用知识的能力。

【教学过程】

一、准备先行

课前（或课始）学生独立解决以下备学问题。

1. 你已经知道了圆柱、圆锥的哪些知识？它们有怎样的联系？请用表格或思维导图进行整理。

2. 提出关于圆柱和圆锥的三个问题，进行小组讨论。

3. 收集有关圆柱、圆锥的习题或故事，跟伙伴分享。

教师根据学生的备学情况进行教学的二度设计。

[设计意图：让学生借助表格或思维导图自主梳理有关圆柱、圆锥的知识，初步建构了圆柱、圆锥的结构体系。鼓励学生收集有关圆柱、圆锥的习题或故事，让学生真正参与了课堂资源的建设。同时，学生对圆柱、圆锥的疑问又构成了课堂教学的主线。这些都是顺学而展的基础。]

二、经验分享

1. 小组交流，互相沟通。

小组交流备学作业，提炼出主要的发现和问题。

2. 全班分享，梳理知识。

请小组代表上台汇报，师生补充完善，梳理知识结构。

各组代表汇报时，教师根据学生的汇报选择最主要的知识点，板书如下表格所示。

| 名称 | 特征 | 表面积 | 体积（容积） |
| --- | --- | --- | --- |
| 圆柱 | 两个完全相同的圆<br>一个曲面<br>无数条高 | $S_{侧}=Ch$<br>$(S_{底}=\pi r)$<br>$S_{表}=S_{侧}+2S_{底}$ | $V=Sh$ |
| 圆锥 | 一个圆面<br>一个曲面<br>一条高 | —— | $V=\frac{1}{3}Sh$ |

［设计意图：备学之后，课堂上的分享大致可分为两个层次。其一是小组交流，主要任务是解决简单问题，并提炼出主要的发现和问题；其二是全班展示，主要呈现典型的发现和问题。学生自主梳理了圆柱和圆锥的知识结构后，在交流汇报过程中，师生互相补充，不断完善知识体系。同时，教师将知识整理在黑板上，使学生明白可以用不同的方式梳理知识，并将最主要的知识印刻在脑海中。］

三、问题研讨

提问：关于圆柱、圆锥，你还有哪些问题？

学生自由提出问题，师生提炼出主要问题。

1. 圆柱的体积公式是怎么推导的？

学生回顾圆柱体积的推导过程，课件呈现动画。

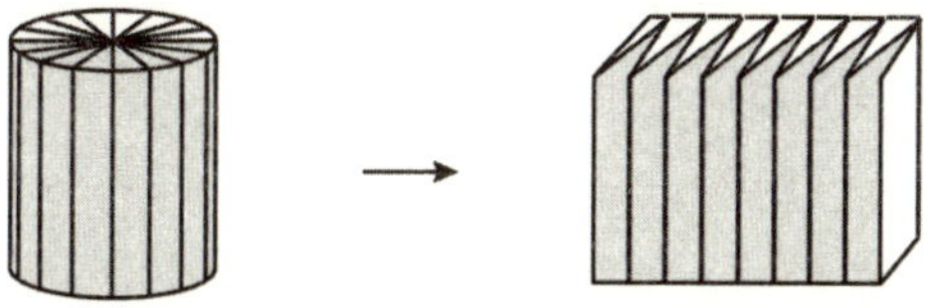

重点强调：所拼成的长方体的长相当于圆柱底面周长的一半，所拼成的长方体的高相当于圆柱的高，所拼成的长方体的宽相当于圆柱的半径。

2. 圆柱和圆锥有什么关系？

（1）从特征角度思考，圆柱、圆锥的共同点：它们都是立体图形，都有侧面和底面，都有高。不同点：圆柱有两个完全相同的圆形底面，有无数条高，而圆锥只有一个圆形底面、一条高。

（2）同底等高时，圆柱和圆锥的体积有什么关系？

得出：同底等高时，圆柱的体积是圆锥的体积的 3 倍。因此，圆柱的

体积公式是 $V=Sh$，圆锥的体积公式是 $V=\frac{1}{3}Sh$。

(3) 体积和底面积相等时，圆柱、圆锥的高有什么关系？

得出：体积和底面积相等时，圆锥的高是圆柱的高的 3 倍。

(4) 体积和高相等时，圆柱、圆锥的底面积有什么关系？

得出：体积和高相等时，圆锥的底面积是圆柱的底面积的 3 倍。

3. 计算圆柱的表面积时要注意什么？能计算出圆锥的表面积吗？

学生思考，指出：计算表面积要根据实际情况，看清到底要求的是哪些面。圆锥的表面是扇形，暂时还不会计算，以后将继续学习。

4. 圆柱和圆锥跟正方体、长方体有什么关系？

(1) 观察以下图形，寻找它们的共同点。

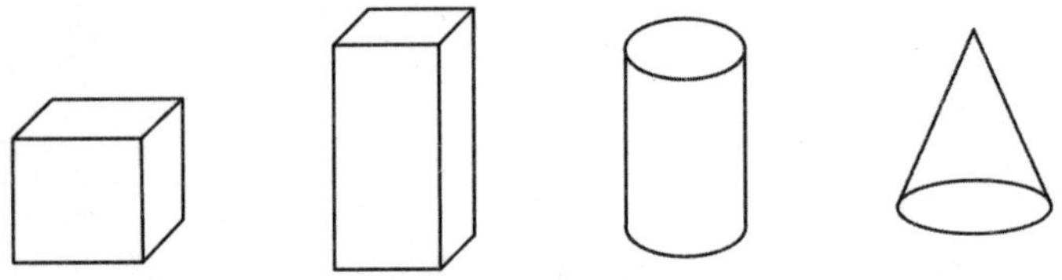



学生尝试回答，并得出：它们都是立体图形。

(2) 再出示正方体、长方体和圆柱，更深入地寻找它们的共同点。

学生尝试回答，并得出：正方体、长方体和圆柱上下一样粗细，是直柱体，求体积都能用 $V=Sh$ 这个公式。

指出：到中学后，我们还将学习更多的直柱体，如后续出现的三棱柱、六棱柱等。

[设计意图：学生的问题便是教学的重点和难点之所在，这在复习课上体现得尤其突出。对于圆柱、圆锥，学生提出的问题大多围绕表面积、体积及二者之间的关系，有共性，也有个性。在以上环节中，教师引导学生对梳理出来的主要问题进行了较为详尽的探讨，使研究得出了一些规律性特征，同时打通了前后知识之间的联系，使教学充满了弹性和张力。]

四、巩固练习

1. 选一选。

A. 表面积　　B. 侧面积　　C. 体积　　D. 容积

茶叶罐所占空间的大小是求（　　）。

制作茶叶罐所需的材料是求（　　）。

茶叶罐所装茶叶的多少是求（　　）。

给茶叶罐的四周贴标签纸是求（　　）。

2. 算一算。

有一段圆木，底面直径是 2 分米，高是 3 分米。

(1) 给这段圆木的侧面涂漆，需要涂多大地方？

(2) 工人要将这段圆木运走，他在琢磨：这段圆木所占空间有多大呢？

(3) 将这段圆木削成最大的圆锥会怎样呢？

学生说算理，并列式反馈。

3. 想一想：怎样求土豆的体积？

学生回答后，教师出示圆柱体容器，说明：圆柱体容器的底面半径是 5 厘米，原来水深是 4 厘米，放入土豆后，水面升高 3 厘米。

学生说算理，并列式反馈。

[设计意图：本环节的练习设计由易到难，体现了一定的层次性。同时，练习设计能紧密联系学生的生活，体现了较强的实践性。对于体积、容积及表面积等的应用，学生较易混淆，针对此设计的选择题和计算题，都是帮助学生进行辨析的。最后一道题具有一定的开放性，是对不规则图形的计算，这是一种挑战，也是思维的一种超越。]

五、拓展讨论

课件出示一名学生收集到的资料。

早在 2000 多年前，我国古代劳动人民就会计算不同形状物体的体积。《九章算术》中记载的圆柱体积计算方法是“周自相乘，以高乘之，十二而一”，也就是周长的平方乘高，再除以 12。这种算法与现在的算法一致，只不过没有现在的算法精确。

请学生闭上眼睛回忆这节课的内容。教师把整理在黑板上的“圆柱和圆锥”的内容逐步擦去，使学生将其记忆在头脑中。

[设计意图：学生是课堂中的重要资源，他们参与课堂建设，既能减轻教师的工作量，也能丰富课堂生活。此环节采用的是学生收集到的资料——介绍古人计算圆柱体积的方法，虽然这种计算方法不如现在的精

确，却是古代劳动人民实践的结晶。这样的知识介绍既是一种数学史的渗透，也是一种思路的拓展，为学生打开了一扇思维之窗。]

【教学反思】

这是我上的一节随堂课，这个班级很普通，甚至不被很多教师所看好。跟所有教师一样，我也喜欢成绩优秀、表现良好的班级，因为学生思维敏捷，主动性强，回答问题滔滔不绝。但基于一种研究姿态，我还是愿意选择普通班。试想，一份教学设计，如果在普通班都能上成功，那在其他班级就更能出彩了。这节复习课，我着重想体现如下几点。

第一，以备立学。

学生的学情，即他们的各类经验，是课堂上的重要资源。同时，学生参与资源的收集，更是极为重要的。因此，教师除了应该认真研究学生的各类经验和思维状况，还应该鼓励学生成为资源贡献者。本课教学之前，通过备学问题，让学生自己对圆柱和圆锥的知识体系进行梳理，这便于促使学生掌握一种结构化思维，并形成自主学习的能力，同时为教师了解学情奠定基础。学生的梳理即便不完善，也为师生提供了样本或范例，在师生共同补充中，有关圆柱、圆锥的知识结构会更加完善。



第二，学为主导。

著名语文教育专家李玉贵老师说："好的课堂，上着上着，教师就不见了！"的确，在经验分享阶段，学生先小组交流备学情况，然后进行全班交流。在此过程中，我只是在一旁倾听、点拨，基本退到了后面，把学生真正推到了前面。

第三，顺疑而教。

学生的问题才是真正的教学问题，教学如果能顺着学生的疑问展开，这样的课堂才是高效的。通过备学，可清晰地看到，学生的问题无非体现在这几方面：圆柱的体积公式是怎样推导出来的？圆柱和圆锥之间有什么关系？同底等高情况下，圆柱、圆锥的体积有什么关系？体积和表面积相等时，圆柱、圆柱的高有什么关系？体积和高相等时，圆柱、圆锥的底面积有什么关系？能求圆锥的表面积吗？圆柱、圆锥跟长方体有什么关系？……应该说，虽然学生并没有受过提问的训练，但他们提出的问题是高质量的。因此，我顺着这些问题展开教学，深挖了圆柱、圆锥之间的关系，以及同底等高等情况，带领学生依次展开研究，得出了一系列重要的规律。

## “正比例的意义”教学设计与反思

【教学内容】

六年级下册“正比例和反比例”中的内容。

【教学目标】

1. 经历从具体实例中认识成正比例的量的过程，初步理解正比例的意义，学会根据正比例的意义判断两种相关联的量是不是成正比例。

2. 在认识成正比例的量的过程中，初步体会数量之间相依互变的关系，进一步培养观察能力和发现规律的能力。

3. 体会数学和日常生活的密切联系，增强从生活现象中探索数学知识和规律的意识。

【教学重难点】

1. 结合实际情境认识成正比例的量的特点，加深对成正比例的量的理解。

2. 能根据正比例的意义判断两种相关联的量是否成正比例。

【教学过程】

一、准备先行，激活经验

课前（或课始）学生独立解决以下备学问题。

1. 买一种东西时，买的个数变化了，总价就会随之发生变化，可以说：数量和总价是两种相联系的量。试举出三组生活中相联系的量。

2. 选一组相联系的量，试举出五组数据，填在表格中。观察这两种量是怎样变化的，写出你的三个发现。

| | | | | | |
|---|---|---|---|---|---|
| | | | | | |
| | | | | | |

3. 提出关于两种相关联的量的三个问题，进行小组讨论。

教师根据学生的备学情况进行教学的二度设计。

[设计意图：学生对两种相关联的量已有了一定的生活经验，备学问

题的设计旨在激活学生的这种朦胧的认识。同时，学生提出的疑问将成为课堂教学的重要依据。]

二、生活隐喻，引出“关联”

谈话：同学们，留心观察，你会发现我们生活在一个充满着各种联系的世界中。

课件动态演示“风吹—草动”“水涨—船高”。

提问：“风吹草动”“水涨船高”的自然现象中隐藏着怎样的联系？

小结：一种变化往往会引发另一种变化，这样的例子在自然现象和日常生活中有很多。那么，在数学中是不是也有这种相关联的问题呢？

小组交流备学作业，提炼出主要的发现和问题。之后，全班交流想要研究的问题，教师画简单的思维导图。

[设计意图：“相关联”是理解“正比例的意义”的重要基础，离开了两个量之间的相依关系，就无从讨论两个量是否成比例了。“万物皆有联系”，从生活中司空见惯的关联现象入手，既聚焦了主题，又唤醒了学生对“关联”之朴素意义的感知。备学作业的交流，梳理了主要问题，凸显了课堂教学的研究脉络。]



三、情境取材，初探“关联”

课件依次出示量杯，以及动态的倒水过程。教师与学生进行互动和交流，具体如下。

1. 你从倒水的过程中，看到了什么是“关联”？（水的体积增加，水的高度也随之增加）简单地说，也就是一种量变化，另一种量也随着发生变化。水的体积变化，水的高度也随着发生变化，我们就说水的体积和高度是两种相关联的量。

2. 当量杯中水的高度是 2 厘米时，水的体积是 50 立方厘米。当水的高度是 4 厘米时，水的体积是多少立方厘米？当量杯中水的高度是 6 厘米时，水的体积是多少立方厘米？水的高度是 8 厘米、10 厘米、12 厘米呢？

学生回答后形成下表。

| 高度/cm | 2 | 4 | 6 | 8 | 10 | 12 |
|---|---|---|---|---|---|---|
| 体积/$cm^3$ | 50 | 100 | 150 | 200 | 250 | 300 |

交流：为什么能很快确定量杯中水的高度？

思考："水的体积扩大几倍，高度也随着扩大相同的倍数"背后的原因是什么？

呈现：$\frac{50}{2}=\frac{100}{4}=\frac{150}{6}=\frac{200}{8}=\frac{250}{10}=\frac{300}{12}=25$。

揭示：$\frac{\text{体积}}{\text{高度}}=$底面积（一定）。

3. 如果用横轴表示"水的体积"，纵轴表示"量杯中水的高度"，这两种相关联的量的变化情况可以用下面的图示表示出来。

课件逐渐呈现：从 0 开始把点连接起来形成红色直线，并渐渐隐去杯子。

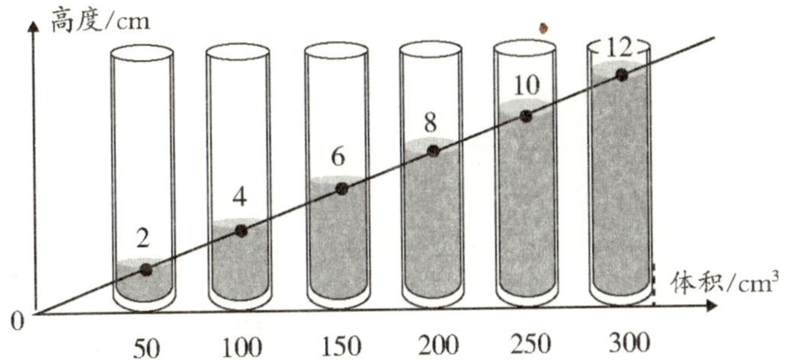


［设计意图：通过水的高度和体积的变化，让学生直观感受到两种相关联的量的同向变化趋势，从直观实物抽象出正比例的图像，让学生进一步感知正比例的意义，为后续揭示正比例的意义积累经验。］

四、对比点题，揭示概念

1. 课件出示以下两张表格。

表一：一辆客车在公路上行驶，行驶的时间和路程如下表。

| 时间/h | 1 | 2 | 3 | 4 | 5 | 6 | …… |
|---|---|---|---|---|---|---|---|
| 路程/km | 80 | 160 | 240 | 320 | 400 | 480 | …… |

表二：一辆货车在公路上行驶，行驶的时间和路程如下表。

| 时间/h | 1 | 2 | 3 | 4 | 5 | 6 | …… |
|---|---|---|---|---|---|---|---|
| 路程/km | 80 | 160 | 210 | 280 | 355 | 420 | …… |

讨论：从表中能看出相关联的量吗？它们之间的变化是怎样的？

2. 全班交流。

相同点：在表一和表二中，汽车行驶的时间变化，路程也随着变化；路程变化，时间也随着变化。因此，两辆车行驶的时间和路程是两种相关联的量。

不同点：表一中客车行驶的路程和时间的比值是一定的，表二中货车行驶的路程和时间的比值却发生着变化。

揭示：表一中，$\frac{路程}{时间}$=速度（一定）；表二中，$\frac{路程}{时间}$=速度（不一定）。

3. 如果用横轴表示行驶的时间，纵轴表示行驶的路程，那么表一和表二中相关联的量的变化情况也可以用下面的图来表示。

课件依次呈现下面两幅图。

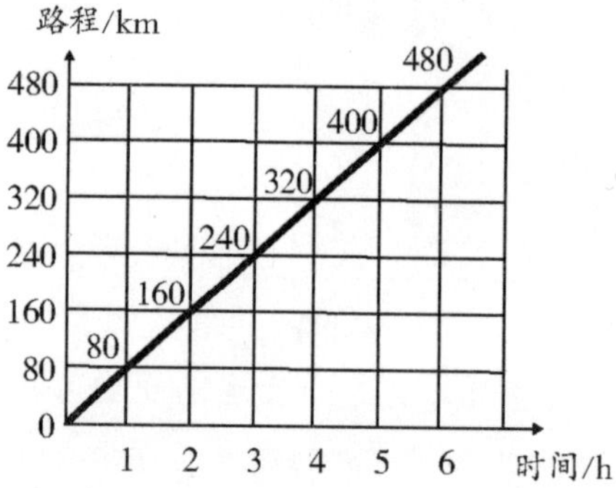


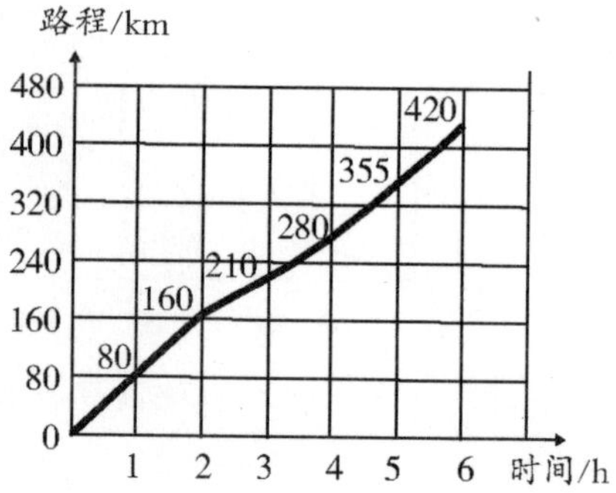


提问：观察图像，有什么发现呢？（比值一定时，图像是一条直线；比值不一定时，图像是弯弯曲曲的）哪种情况和前面的倒水实验中相关联的量之间的关系是相似的？

小结：倒水实验中，水的体积和高度这两种相关联的量之间具有$\frac{体积}{高度}$=底面积（一定）的特征，我们就说，这种情况下水的体积和高度成正比例；表一中路程与时间这两种相关联的量之间具有“$\frac{路程}{时间}$=速度(一定)”的特征，我们就说，这时，路程和时间成正比例。

追问：表二中的路程和时间也是相关联的量，并且它们也有“$\frac{路程}{时间}$=速度”的关系，能说货车行驶的路程和时间成正比例吗？

思考：根据图示，可以确定客车和货车各行驶7小时的路程吗？（客车行驶560千米，货车不能确定）

提问：如果用字母 $x$ 和 $y$ 分别表示两种相关联的量，用 $k$ 表示它们的比值，正比例关系可以用怎样的式子来表示呢？

指出：我们常写成 $\frac{y}{x}=k$（一定）。

揭题：这就是这节课我们所学习的“正比例”。

4. 出示箭头图，指出：正比例的变化方向和速度可用下图这种形象的方式来理解，请大家仔细观察！

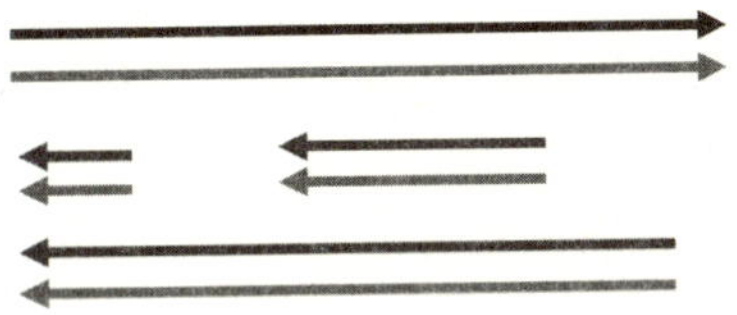

通过箭头图的对比，让学生形象地理解正比例同向而均匀的变化规律。

判断：下面的图示能表示正比例的关系吗？

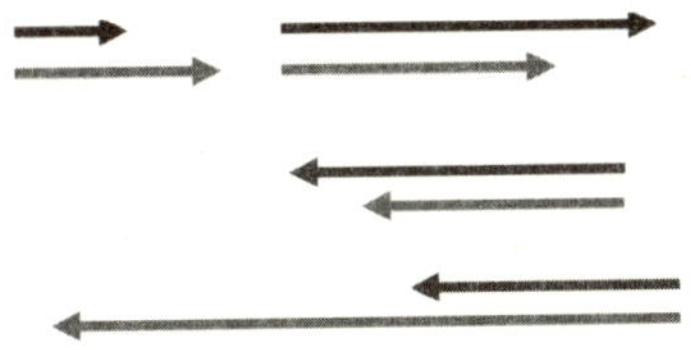

[设计意图：任何概念的获得，都需要有充分的感知做基础，感知越充分，理解越深刻。倒水的实验，采用电脑演示，由图形直观抽取出正比例的图像，不着痕迹，贴切自然，带领学生完成了初步感知。两张表格的呈现，则从正、反两方面强化对正比例的解释。这里并没有介绍正比例图像的绘制过程及根据图像进行判断，而是将图像所形成的直线和曲线进行比对，丰富学生的直觉感知，在此基础上再揭示正比例的概念，使学生对正比例的理解充分、丰满、到位。]

五、多样练习，深化理解

1. 课件展示一个正方形由小到大的变化过程。

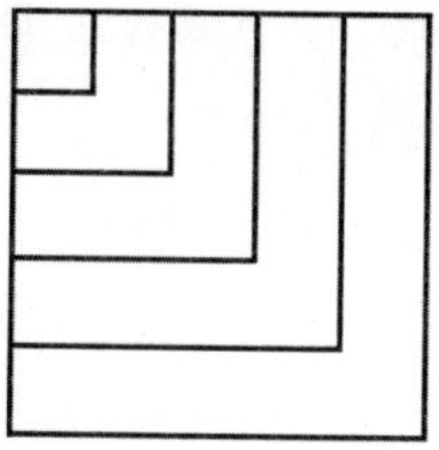

（1）你能从这个变化过程中找到几组相关联的量吗？（正方形的边长和周长，正方形的边长和面积）

（2）找出对应的几组数据算一算，这些相关联的量中有成正比例的吗？

小结：正方形的周长和边长比值一定，所以，图中的周长和边长成正比例。

2. 判断下面每小题中的两种量是否成正比例，并说明理由。

（1）小明的年龄和他的体重。

（2）钢笔单价一定，总价和购买的数量。

（3）小刚带的钱一定，用去的钱和剩下的钱。



（4）小红和爸爸相差的年龄一定，小红的年龄和爸爸的年龄。

学生先独立思考，再小组交流。

小组汇报讨论的结果，其余小组可以进行补充、质疑。课件出示不成比例的两种量的图式，帮助学生理解。

小结：两种量相关联，它们之间可能是比值一定，也可能是和一定、积一定、差一定，或者其他的情况。只有比值一定的情况下，我们才称其为成正比例。

[设计意图：对于第一次接触正比例概念的学生而言，由于概念本身较为抽象，思维过程较为复杂，故而成了学习的难点。练习的设计旨在让学生在熟悉的情境和素材中，经历寻找数据、进行运算、加以判断的过程，深入理解相关联的两种量在什么情况下成正比例，在什么情况下不成正比例，从而对构成正比例的要件有更为清楚的掌握。]

六、总结全课，提问延伸

提问：今天的学习有什么收获？产生了什么新的疑问？

课件出示学生课前提出的问题，如“有正比例，有没有反比例呢”。

追问：今天我们学习了正比例，今后还会学习反比例，大家猜猜看，反比例的量是这样的吗?

课件出示下图。

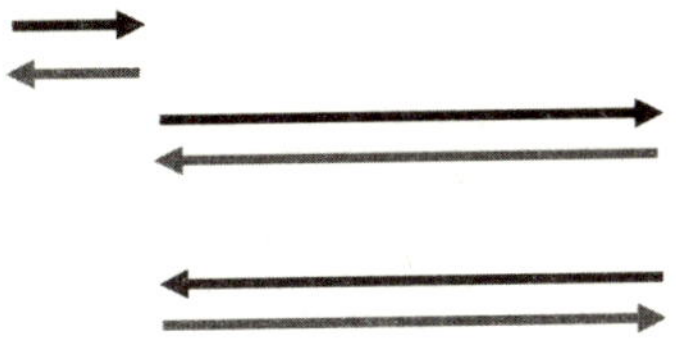

指出：希望同学们带着这个问题，课后继续去研究!

[设计意图：课结束时的总结、反思，有助于学生对知识的体悟。课尾的追问，让学生对即将学习的反比例充满了期待，这样处理，使课堂呈现出开放的姿态，课已终，但研究仍未停止，课的厚度由此可见一斑。]

【教学反思】

最近读书研讨，我突然看到这样一个观点：模型其实是用数学的语言讲故事。这显然是对建模思想的一个通俗解释。本课中，我也试图体现有关建模的几个想法。

第一，提炼事例，找寻模型建构之源泉。

数学来源于生活，这是不争的事实。要想将生活问题提炼为数学问题，便要借助抽象，因为只有抽象能凸显生活问题中的数学元素或数学特质。正比例是研究两种量之间同向匀速的变化关系，这样的生活例子俯拾皆是。在备学作业中，学生举出了如下例子：路程与时间、总价与数量、工作总量与工作时间等，这些都为新知学习提供了经验支撑。教学中，通过量杯中水的高度和体积的均匀变化，让学生直观感受两种相关联量的同向变化趋势，使学生从生活事例中抽象出正比例的图像，初步建立正比例关系的直观模型。这样做，使学生既能意识到数学知识来源于生活，又能真切感受到正比例的实际含义。

第二，依托符号，把握模型建构之形式。

数学建模是一个抽象的过程，也是一个数学化的过程。数学建模需要用数学的语言讲故事，而这种数学语言通常是符号，可以这么说，符号是模型建构的外在形式。在坐标图上，正比例的图像就是一条经过0并向上延伸的直线。这一模型把两种量之间的关系展现无遗：一种量变化，另一种量也随之发生变化；因为是匀速变化，所以始终是直线。理解了正比例模型的内涵后，我们对正比例的意义便有了更深入的理解。之后的箭头图也是一种直观的表述，也可被看成正比例的另一种模型。看来，简洁而恰当的符号，能帮助我们建构适切的数学模型。

第三，凭借推理，实现模型建构之拓展。

数学模型被建立之后，处于一个开放的体系，需要不断扩充、重构。模型体系的拓展，有时需要借助推理。建立正比例的模型之后，学生自然会想到：会不会有反比例呢？反比例会是怎样的形态呢？对于这些问题的探索，有时可能会用到推理，即从已有的结论进行推断。例如，正比例是同向同速的箭头，反比例会不会是反向同速的箭头呢？善于探究的学生，甚至可以借助具体的两种量的数据，尝试画图，并建构出反比例的图式——当然这些都是后话。本课的结尾，对正比例的研究已近尾声，但关于两种量的研究仍在继续，师生推理出的反比例的箭头图，虽是一种直观臆断，但亦不失其合理性，将建模活动延伸到课后，体现了一定的张力。



数学建模需要引导学生经历一种数学化的过程，呈现生活事例，借助抽象初步提炼出数学模型，再通过对比辨析，强化模型的结构，最后在普遍的应用中丰富模型的内涵。

## “圆的认识”教学设计与反思

【教学内容】

五年级下册“圆”中的内容。

【教学目标】

1. 在观察、画图、操作等活动中感受并发现圆的有关特征，知道什么是圆的圆心、半径和直径；能借助工具画圆，能用圆规画指定大小的圆；会用圆的知识解释一些日常生活现象。

2. 通过准备活动，激活有关圆的知识的经验，并在活动中进一步积累认识图形的学习经验，增强空间观念，发展数学思考能力。

3. 进一步体验图形与生活的联系，感受平面图形的学习价值，提高数学学习的兴趣和学好数学的自信心。

【教学重难点】

理解和掌握圆的概念、特征，掌握用圆规画圆的方法。

【教学过程】

一、准备先行，激活经验

课前（或课始）学生独立解决以下备学问题。

1. 观察车轮，试着用不同方法画出其外围的圆形，并说说怎样画圆更准确。

2. 如果将车轮做成三角形、正方形、椭圆形，会出现什么情况？请从数学的角度来分析。

3. 提出有关圆的三个问题，进行小组讨论。

教师根据学生的备学情况进行教学的二度设计。

[设计意图：在生活中，圆随处可见，学生熟悉圆形物体，对圆也有初步的感知。备学时，以车轮问题作为切入点，既激活了学生关于圆的经验，也促使学生进行深入的思考。车轮为什么要做成圆形的？这个朴素的问题，恰是最容易抵达圆的本质属性的。这样的备学，能为学生后续的学习奠定坚实基础。]

二、联系生活，区分圆的概念内涵

谈话：说起圆，大家一定都不陌生，昨天我们都画了圆，剪了圆。生活中，圆随处可见，你能举两个例子吗？

课件出示碗、硬币、闹钟、旺仔牛奶罐的图片。

提问：在这些物体的表面能找到圆吗？

课件出示球、滚圆的苹果的图片。

提问：这是圆吗？

指出：在生活中，人们经常把“圆的”东西说成是“圆”，区分得不太严格。比如，人们常会把球、滚圆的苹果说成是“圆的”。但是在数学上，“圆”特指平面图形，如在纸上画的圆。

课件再出示碗、硬币、闹钟、旺仔牛奶罐的图片。

提问：请你找出这些物体表面的圆。

指出：我们只能说这些物体的某一个面是圆。

三、解决难题，发现圆的主要特征

谈话：最近，邻居楠楠家买了一辆新车，那天她突然问我："为什么车轮是圆的？"我当时就愣住了，车轮当然是圆的，这还用问吗？要说理由，还真不太好说！后来，我想到这确实是一个值得研究的问题，我们今天就重点来研究这个问题。

1. 备学讨论。

关于汽车车轮的特点，我们昨天已进行了的备学。现在，请四人小组讨论备学作业，每个同学要善于倾听别人的想法，试着解决别人的问题，组长要召集大家提炼出典型的发现和问题，待会我们分组交流。

2. 交流展示。

(1) 分享画车轮外形的方法。

请小组代表介绍画车轮外形的方法。大致有三种方法：沿着实物的边画、徒手画、用工具画。

追问：怎样画更准确？

提问：怎样用圆规画圆呢？



学生任意说。

明确：这是圆规的柄，圆规有两只脚，一只脚是针尖，另一只脚是用来画圆的笔。捏住圆规的柄，将针尖固定在纸上，两脚叉开一定距离，另一只脚旋转一周，就能画出一个圆。

教师示范画圆，学生用圆规画圆。如果第一次失败，教师就追问：用圆规没能成功画圆，问题可能出在哪里？（总结教训：圆规的两脚距离发生了变化或针尖移位）学生继续画圆，直到成功为止。

追问：在画车轮外形的过程中，你能感受到将车轮做成圆形的原因吗？

让学生感悟，不一定要回答。

(2) 如果车轮是三角形、正方形、椭圆形的，又会怎样呢？

课件演示五辆轮子形状不同的汽车行进的场景，让学生再次感悟，可选一两个让学生说说感受。

学生汇报，教师相机点拨。

课件出示备学中学生的一些答案。

① 圆没有角，正方形、三角形有角。椭圆形虽然没角，但一面长，一面短，不好滚动。

② 如果将车轮做成正方形、三角形或椭圆形，车子在行进时会忽上忽下，而且前进的阻力会很大。如果车轮是圆的，车子的轴由于是穿过圆的中心，而圆心到圆周上的任意一点的距离都是相等的，在行进时，车轴到地面的距离也相等，所以车子走得很平稳。

③ 由于圆上各点到中心点（圆心）的距离相等，所以圆在滚动时，圆心在一条直线上运动，这样车子行驶起来就很平稳；而正方形、三角形、椭圆形等由于边上到中心点的距离不一样，这样在运动中，中心点运动的路线就不是一条直线，人坐在这样的车上会感觉到颠簸。

课件出示三角形、正方形、椭圆形、圆形等车轮形状图，引导学生观察这些图形，出示由点到边的一些线段，让学生判断中心到边的距离是否都相等。通过对比，使学生理解圆的中心到边上任何一点的距离都相等。

让学生在圆里标出圆心（用字母 $o$ 表示），画出一条半径（用字母 $r$ 表示），提问：半径可以画多少条？它们的长度怎样呢？

揭示直径的概念（用字母 $d$ 表示），提问：直径可以画多少条？它们的长度怎样呢？为什么直径都相等呢？（追问并验证）

得出：同圆中半径和直径的关系为 $d=2r$ 或 $r=\frac{1}{2}d$。

追问：现在，你能再从数学角度说说为什么车轮是圆的吗？

谈话：研究到这里，我突然想到，2000 年前，一位伟大的思想家墨子说过："圆，一中同长也。"（让学生模仿古人读一读）"一中"指的是什么？"同长"是什么同样长呢？"一中同长"高度概括了圆的特征。

(3) 与以前学习的平面图形进行对比。

出示各种平面图形，让学生比较。

提问：圆跟原来学过的图形有怎样的联系？

得出：原来学过的图形都是直线图形，而圆是曲线图形，但它们都是平面图形。

[设计意图：介绍车轮外形的画法及由此引出的画圆过程，使学生初步感受圆的特征。随着对车轮是三角形、正方形、椭圆形的假说的讨论，

反向突出了圆的特征。学生充分发表见解后，教师出示不同形状的车轮形状图，对比各种图形中心到边的距离，巧妙突出了圆“一中同长”的特征。]

四、问题交流，凸显圆的本质属性

课件出示学生备学中产生的主要问题。

问题1：怎样找到圆的直径呢？

学生动手操作，并汇报演示。

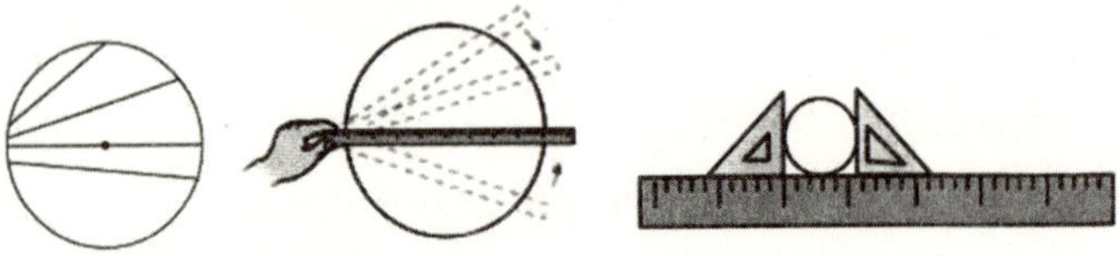

问题2：怎样找到圆的中心呢？

学生动手操作，并汇报交流：如果是圆纸片，只要对折两次就能找到圆心。如果不能对折，画两条直径，就能确定圆心，或者画一条直径，找到中点即为圆心。



随着学生的回答，课件出示更多共性问题：圆的面积怎么计算？圆的周长怎么计算？圆周率是什么？……

指出：这些问题可留待课后思考。

[设计意图：学习总是从疑问开始的。小组交流过程中，一些简单问题已解决；全班研讨时，一些共性的重要问题也基本解决。这时，教师仍要鼓励学生将心中的疑问提出来，并筛选典型问题进行研讨。随着怎样确定圆的直径、圆心等问题的解决，学生对圆的特征会有更深层次的理解。]

五、反省总结，完善圆的知识结构

提问：学习了圆的知识，你有什么新收获呢？还有疑问吗？

追问：“圆，一中同长也。”这句话反过来就是“一中同长，圆也”，这种说法对吗？（出示球体）如果不限于平面内，请大家思考，球体是不是也“一中同长”？

小结：在一个平面内，“一中同长”的是圆；在立体的空间里，球体也是“一中同长”。数学就是这样严谨而又奇特。

[设计意图：反省总结能使学生回顾所学知识，并促使知识形成体系。此处的反思，跳离了圆本身，随着对“一中同长，圆也”的辨析，将学生

的视野从平面的圆向立体的球延展。]

六、开阔视野，拓宽圆的知识体系

1. 课件出示车轮为正方形的自行车的图片。追问：车轮一定要做成圆形的吗?

指出：带有正方形车轮的自行车看上去有些不切实际，但实际上仍可以行驶。它在平坦的传统道路上有些“大材小用”，却非常适合在齿轮状的非平坦道路上行驶。

2. 课件出示太极图，提问：见过这样的图吗?

布置任务：请大家课后去网上查一查，从数学的角度去研究它。

[设计意图：整节课借助圆形车轮，带领学生从现实角度研究圆，获得了一定的成效。课尾，教师追问“车轮一定要做成圆形的吗?”这一问题变换了一种思路，为学生打开了新的视野。利用太极图使学生课后继续研究数学问题，课的张力可见一斑。]

【教学反思】

这是我第二次执教“圆的认识”一课，跟第一次执教时的思路有很大不同。第一次执教“圆的认识”时，我紧扣“一中同长”，突出了圆的本质特征。而这次，我将圆放在了一个大视野之下，通过分析圆形车轮的优势，突出了圆“一中同长”的特质。

第一，源于事实的剖析。

本课从学生熟悉的车轮入手，让学生在画车轮、研究车轮的过程中，掌握圆的特征，真正做到了“让数学源于生活”。画车轮时，学生想出了不同的方法，我重点引导学生研究用圆规画圆的方法。画圆时，定点和定长的把握，正好与圆心和半径的特点相吻合。“为什么车轮是圆的?”对这一司空见惯现象的追问，打开了学生思维的闸门。随着其他形状车轮的假设和演示，在对比中，学生再次认识到，长方形、三角形、椭圆形车轮都会使车在行进过程中产生颠簸，从而深刻领悟圆形车轮的优势。

第二，基于直观的抽象。

将不同形状的车轮抽象成相应图形，引导学生从数学角度去思考为什么车轮为其他形状的车会产生颠簸，师生在相互启发下发现，其他图形中心到边的距离并不完全相等，而圆的中心到边的距离都相等，这是圆形车轮的车行驶平稳的原因，当然，这也是圆的重要特征。从直观的车轮中抽象出数学问题，通过不断的追问和对比，探索圆的特征，建构圆的模型，这一数学模型的建立基于直观又超越直观，这样的抽象是有根基的，这样的教学也是有厚度的。

第三，高于现象的追问。

“一中同长”是圆的本质特征，也是本节课的灵魂，但我并未满足于此。总结后，我继续追问：“‘圆，一中同长也。’这句话反过来就是‘一中同长，圆也’，这种说法对吗?”随着对这个问题的思考，学生的视角立刻从平面走向了立体。整节课虽然一直研究圆形车轮，课尾却突然出示车轮为正方形的自行车图片，接着我追问：“车轮一定要做成圆形的吗?”这个问题打破了学生的思维定式，使他们认识到，在某种特定情况下，正方形车轮也能平稳行走。因此，世间并无绝对之事，新奇的角度打开了学生思维的另一扇窗。

## “比的认识”教学设计与反思



【教学内容】

六年级上册“分数除法”中的内容。

【教学目标】

1. 通过课前备学，结合具体实例，理解比的意义，知道比的前项和后项，会正确地读、写两个数的比，会求比值；了解比和分数、除法之间的联系，会把比改写成分数的形式。

2. 在解决实际问题的过程中，了解比在日常生活中的广泛应用，体会数学与生活的联系，培养数学学习兴趣。

【教学重难点】

理解比的含义、意义，沟通比和分数、除法之间的联系。

【教学过程】

一、准备先行

课前（或课始）学生独立解决以下备学问题。

1. 举三个生活中不同类的比的例子。

2. 说说三个例子有什么不同。

3. 提出关于比的三个问题到课上进行讨论。

教师根据学生的备学情况进行教学的二度设计。

[设计意图：对于“比”，学生并非一张白纸，他们有着自己独特的认识，备学问题旨在激活学生的已有经验。备学过程中，学生收集到的例子都将成为教学的重要资源。学生怀揣着关于比的问题走进课堂，这样的学习无疑是高效的。]

二、经验分享

学生分小组交流备学收获，提炼出主要的发现和问题。

三、问题研讨

教师组织学生展示收集到的生活中的比的例子，师生共同经历探索比的过程。

1. 在直观中揭示比的定义。

“比是什么”，这是许包燕等同学提出的问题。这个问题直指比的意义和内涵，是本课的研究重点。

呈现例子：男生和女生人数的比是3∶2。

提问：男生人数和女生人数是怎样的关系？

得出：男生人数相当于女生人数的$\frac{3}{2}$。

引导学生用线段图表示男女生人数的关系。

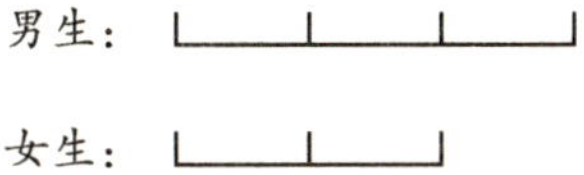


追问：男生和女生人数的比是3∶2，是不是意味着男生一定是3人，女生一定是2人？还可以是多少人？用比的形式怎么写？

学生举例：6∶4、9∶6、30∶20、300∶200……

提问：如果没有条件限制，这样的比能写完吗？它们的形式虽变了，但什么没变呢？

小结：看来，这里的3∶2不一定表示具体数量，它始终表示3份比2份，内涵很丰富，能令我们联想到很多。学习数学，就要学会超越你所看见的。

出示：女生和男生人数的比是2∶3。

得出：女生人数相当于男生人数的$\frac{2}{3}$。

揭示：两个数的比，表示两个数相除。

研究比的各部分名称，介绍比号的来历。

2. 在辨析中丰富比的内涵。

学生课前找到了生活中的比的例子，这些比有些是数学意义上的比，有些不是。根据比的定义，将这些比予以区分和甄别，对于学生理解数学意义上的比具有非常重要的意义。

辨析：说说刚才列举的比的含义，哪些是数学意义上的比呢？

第一组：红花比黄花多7朵；苹果比梨少5个。

经过分析，学生发现：上述例子中，两个量之间是相差关系。

第二组：烧菜时味精和盐的质量比是1∶2；糖水中糖和水的比是1∶10；国旗长和宽的长度比是3∶2。

经过分析，学生形成共识：以上三例均为同类量的比，是相除关系。



第三组：总价和数量的比是6∶2；小军走的路程和时间的比是900∶15。

通过分析研究，学生发现：这两例是不同类量的比，总价和数量的比表示单价，路程和时间的比表示速度。同类量的比表示倍数关系，不同类量的比会产生一个新的量。

第四组：球赛中，两队比分是4∶0；体育比赛中，甲队以3∶2战胜乙队。

提问：体育比赛中的比是数学意义上的比吗？

有学生认为，比赛中的比只表示比分，它们没有相除关系。还有学生认为，比分4∶0只能表示比分的多少，因为除数不能为0，所以4∶0没有相除关系。

通过讨论，学生形成共识：各类比赛中的比不是数学意义上的比，只是一种计分形式，是比较大小，是相差关系，不是相除关系。

3. 在对比中固化比的结构。

围绕卢意轩、孙颖等同学提出的问题“比和哪些数学知识有关系”“比和分数、除法有什么联系”“比的后项可以是0吗”，组织学生研究比、分数和除法的联系。

通过对比分析，学生认识到：比、分数和除法就像三胞胎，有很多相似的地方——比的前项相当于分数的分子、除法的被除数，比号相当于分数线、除号，比的后项相当于分数的分母、除法的除数。三者虽然联系紧密，但它们的区别也是显而易见的——比表示一种关系，分数是一个数，除法是一种运算。

[设计意图：问题研讨环节，教师充分利用学生收集到的资源——呈现学生举的例子并用学生所举的各种例子进行比较，使学生的认知得以深化。比与其他知识的联系，也是学生关注的问题，在问题引领下，学生打通了比、分数和除法之间的联系，形成了坚固的知识网络。]

四、应用强化

以蔡小雨、陈夏等同学的问题“比有什么作用”“怎么在生活中用比”“黄金比是什么”为导向，带领学生继续研究比的应用，在应用中进一步突出比的本质属性。

1. 关于蜂蜜水的问题。

(1) 出示不同比率的蜂蜜水，第 1 杯：蜂蜜和水的比是 1∶8；第 2 杯：蜂蜜和水的比是 1∶4；第 3 杯：蜂蜜和水的比是 1∶1。

学生解释以上各比的意义后，教师追问：每杯中的蜂蜜不一样多，为什么比的前项都是 1 呢？

经过思考，学生发现：因为每杯中都有一份蜂蜜，而且，每杯中一份蜂蜜和一份水总是一样多的。

(2) 出示相同比率的蜂蜜水，大杯和小杯中蜂蜜和水的比都是 1∶2。

提问：这两杯蜂蜜水哪一杯更甜？为什么杯子大小不一样，水的甜度却一样？

得出：蜂蜜和水的比都是 1∶2，意味着一份蜂蜜对应两份水，不管杯子有多大，它们的甜度都是一样的。

2. 黄金比的应用。

教师介绍黄金比的小知识：黄金比的比值约等于 0.618。古希腊人认为，美是神的语言，黄金比是上帝的尺寸。从古希腊以来，一直有人认为把黄金比应用于造型艺术，可以使作品给人以最美的感觉。一幅画的主体部分约占画面的 0.618，令人赏心悦目。宽和长的比值接近 0.618

的长方形，被认为是最美的。国旗的宽和长的比约是 0.67，也接近黄金比。

[设计意图：比的实际应用，进一步深化了学生对比的理解。蜂蜜水之题的两次对比：其一是每份蜂蜜和每份水始终是一致的；其二是1∶2代表的始终是一份与两份之间的关系，跟杯子的大小无关。这些都巧妙地渗透了变与不变的思想。而关于黄金比知识的介入，让数学在实用的基础上，更凸显了文化的意味。]

五、拓展延伸

关于比，奚灏宸、刘全国等同学进行了这样的追问："为什么会有比?""有像1∶2∶3这样的三个数的比吗?"这些问题都涉及比的外延。

1. 出示：面包中糖、蛋黄和面粉的比是1∶2∶8，这是一个连比。

2. 布置"比的基本性质"的备学作业。

(1) 不同的比之间会有相同的关系吗？举例说明。(姚欢洛)

(2) 比可能有什么性质？(徐可欣)

(3) 提出三个关于比的性质的问题，进行小组讨论。



[设计意图：对数字比较敏感的学生提出："有像1∶2∶3这样的三个数的比吗?"这类问题可先悬置，留待学生课后解决。课尾，将学生提出的问题作为新的备学题，让学生带着问题走出教室，使课堂充满了无穷的张力，课已结束，意犹未尽。]

【教学反思】

数学教学要基于学生的经验，更要为学生积累经验提供服务。生活中，学生接触到的比是怎样的？关于比，学生有着怎样的数学现实和原初经验？这些都是我们必须面对的。为了促使学生成为课堂的建设者，我精心设计了备学问题，让学生参与学习准备，收集有关比的生活素材，提出关于比的疑问，这些都为新课学习奠定了坚实的基础。

学生收集到的生活中的比主要分两大类：一类属于相除关系，即数学意义上的比；另一类属于相差关系，跟数学意义上的比毫无关系。前一类还分为两种：其一，同类量的比；其二，不同类量的比。

这些生活中的比都是学生经常接触的，这些素材为教学提供了一个宽广的视野。对于生活中的比，学生有着自己的独特理解，在他们眼里，不同的例子体现了事物的不同或数字的不同，但他们还无法领会同类量或不同类量。

## “百分数的认识”教学设计与反思

【教学内容】

六年级上册“百分数”中的内容。

【教学目标】

1. 通过课前调查和资料收集等活动，在实际情境中理解、概括百分数的意义，能正确地读写百分数，会区别分数和百分数的异同，会应用百分数解决实际问题，感受百分数的价值。

2. 通过参与资源准备，亲身经历知识的探索过程，培养分析推理能力，进一步发展抽象、概括、归纳、总结的能力。

3. 渗透数学的应用思想，激发学数学的兴趣，感受数学的应用价值。

【教学重难点】

理解百分数的意义，知道百分数和分数的区别。

【教学过程】

一、准备先行

课前（或课始）学生独立解决以下备学问题。

1. 生活中，你在哪里见过百分数？摘录三个含有百分数的句子，并试着写出它的意思。

2. 百分数可能跟原来学的哪些知识有联系？有怎样的联系呢？

3. 关于百分数，你有哪些疑问和困惑？请提出三个问题，进行小组讨论。

教师根据学生的备学情况进行教学的二度设计。

[设计意图：百分数在生活中无处不在。让学生收集生活中的百分数，并阐述其意义，同时让学生推想百分数与原有知识的联系，并提出心中的疑问，不仅激活了学生的经验，还把学习建立在学生原有的认知基础上。让学生带着资源和问题走进课堂，这样的学习无疑是高效的。]

二、经验分享

1. 组内交流：前几天，我们围绕百分数进行了备学，现在，请各小组分工交流备学收获，组长要组织大家提炼出有价值的发现和问题。

2. 全班展示自己的发现。

（1）找一找：生活中，你在哪里见过百分数？

学生任意汇报。

请一学生上台板书一个百分数，让他介绍写法，教师顺势讲清百分数的写法，即先写前面的数（分子），再写百分号（重点突出百分号的写法）。

再请学生说一个百分数，全体学生试写，并汇报写法。

提问：百分数是由哪几部分组成的呢？得出：百分数由分子和百分号组成。

在学生介绍的基础上，教师出示几个特别的百分数的例子，以拓宽学生的视野。

① 出示分子是小数的百分数。

如顾璎乐提出的：人的泪水中，98.2%是水。张雨璐提出的：鸡蛋含蛋白百分之十二点八，即12.8%。

② 出示分子是0的百分数。

如郭佳能提出的：

**某食物营养成分表**

| 项目 | 每100ml | 营养素参考值 |
| --- | --- | --- |
| 能量 | 160KJ | 2% |
| 蛋白质 | 0g | 0% |
| 脂肪 | 0g | 0% |
| 碳水化合物 | 9.4g | 3% |
| 钠 | 29mg | 1% |

追问：见过百分之零吗？

③ 出示分子大于100的百分数。

出示：根据有关统计显示，吸烟者引发肺癌的可能性大约是不吸烟者的500%。

小结：每个同学都轻易找到了百分数，这说明百分数在生活中的应用非常广泛。

（2）说一说：你找到的百分数的意思。

① 剖析：戴秦语同学对百分数的理解是否正确呢？

A. 学校合唱队中，男生人数是女生的45%。意思：学校合唱队中，男生人数是女生人数的$\frac{45}{100}$。

B. 六年级（1）班学生的近视率是50%。意思：六年级（1）班学生的近视率是全班人数的$\frac{50}{100}$。

C. 我们班有70%的同学会游泳。意思：我们班有$\frac{70}{100}$的同学会游泳。

第一句正确，第二句错误，第三句太笼统。随着学生的回答，出示后两句规范的含义：六年级（1）班近视的学生人数占全班人数的$\frac{50}{100}$；我们班会游泳的同学占全班人数的$\frac{70}{100}$。

② 辨析马梓高同学对百分数意义的理解。

小军投篮的命中率是70%。意思：小军投了10个球，进了7个。

追问：一定是这样吗？命中率是70%，小军还可能投了几个？如果不考虑各种现实因素的话，可以有多少种投法？（无数种）你看，70%的背后，居然包含着这么丰富的意思，学习数学就要超越你所看到的。

提问：70%指的是什么呢？

得出：70%是指100份中的70份。70%表示命中次数是所投次数的$\frac{70}{100}$。

③ 欣赏颜宇同学对百分数意义的理解。

谈话：我们班的一些同学说百分数的意思时，已经联想到了分数的意义，很了不起！学习数学就要做到融会贯通。

出示颜宇同学的理解。

学校合唱队中男生人数是女生人数的45%。意思：女生有100份，男生有45份。

提问：怎样画线段图表示出男生人数是女生人数的45%呢？

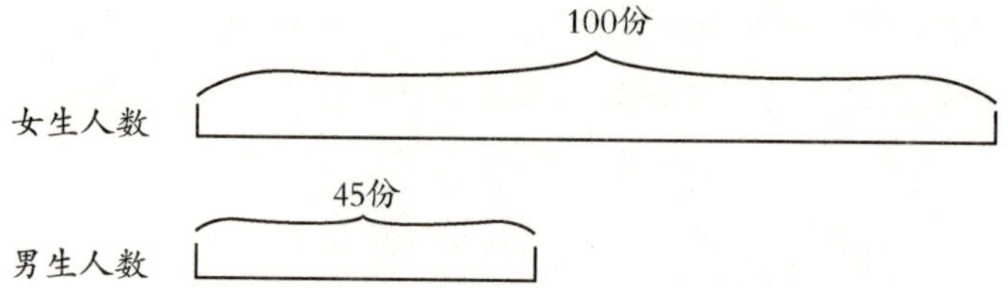


[设计意图：将百分数的意义与分数的意义进行整合，融会贯通。]

④ 试说出下列学生或教师提出的百分数的含义。

刘家铭：本班数学期中测试的优秀率是50%。

郭子贤：今年的人均收入比去年增加了8%。

赵红婷：根据有关统计，吸烟者引发肺癌的可能性大约是不吸烟者的500%。

同桌互说，集体反馈。

⑤ 总结百分数的含义。

提问：现在，你对百分数的意义有些了解了吗？百分数表示什么呢？

师生总结百分数的含义，并板书百分数的意义。



[设计意图：此环节充分展示了学生资源，通过分析学生对百分数的个性化理解，在比较中突出百分数的含义。而对“小军投篮的命中率是70%。意思：小军投了10个球，进了7个”的说法，教师通过追问，让学生充分感受到：百分数表示百份中之几份，即表示两个数量之间的倍比关系。这样的认知过程基于学生的现状，又超越了学生原有的认知水平，这样的教学无疑是贴近学生的。]

三、问题研讨

1. 问题展现。

提问：关于百分数，你还有哪些疑问和困惑？

小组汇报提炼出的问题，教师进行大致归类，如百分数的意义、作用、好处、特点、与其他知识的联系等，并在黑板上写出思维导图的框架。

2. 问题讨论。

(1) 百分数有什么好处？

思考：谁是投篮王？

出示7个队员的投中个数，让学生比较，等学生发现无法比较后，再出示总个数。

提问：怎样才能知道谁是投篮王呢？（学生表示需要出示投中率）怎样表示投中率呢？

指出：一般用分数表示投中率，但这时通分很麻烦，所以可以用百分数表示。

提问：百分数有什么好处呢？

得出：百分数便于分析和比较。

教师板书，完善思维导图。

（2）百分数跟原来学的哪些知识有联系？

① 了解百分数跟分数、小数、比等旧知的联系。

各小组展示自己的个性化理解。

得出：百分数跟比有关，都表示两个数量之间的倍比关系，因此百分数又叫百分比。百分数还跟分数、除法、小数、整数等有关。

教师板书，完善思维导图。

② 重点研究百分数与分数的关系。

鼓励小组上台汇报，师生补充。

讨论得出：百分数只能表示分率，而分数既能表示分率，又能表示具体量。百分数的分子可以是小数，且百分数不能约分化简。因为百分数表示分率，所以百分数又叫百分率。

教师板书，完善思维导图。

③ 辨析：严文博同学找到的是百分数吗？

A. 在校合唱队中男生人数占女生人数的$\frac{125}{100}$。

B. 在六年级（1）班学生中，男生人数占总人数的$\frac{75}{100}$。

C. 今天煤厂老板挖了$\frac{30}{100}$万吨煤。

（3）研究一些学生提出的零星的小问题。

余皓伟：百分数就是分母为 100 的分数。这句话是对还是错？

颜宇：百分数需要化简吗？

张永洁：有负百分数吗？

许蕾蕾：百分数可以有200%吗？

学生自问自答后，教师追问：你能用200%说一句话吗？你能用一句话概括出所有的例子吗？

建构200%的模型，即一个数量是另一个数量的200%。

[设计意图：学生对百分数有着天然的疑问，简单问题组内便能解决，课堂展示的是梳理出来的主要问题。随着对问题的深入研讨，学生感受到了百分数的简洁性，体会到了百分数的价值，同时沟通了百分数与分数的联系，加深了对百分数意义的理解。]

四、巩固练习

(1) 基本练习。

独立完成教材中“试一试”和“练一练”的部分练习，并反馈。

(2) 拓展延伸。

① 肖顾源提出的问题：有十分数吗？

出示例子：

A. 今年小麦增产了二成。

B. 我的牛排烧八分熟。

C. 按原价的九折购得一台电脑。

指出：成数、折数等都是十分数，在生活中应用得非常广泛。

② 徐梓浩提出的问题：有没有千分数？万分数呢？

教师说明：盐度一般用千分数表示，如海水的含盐量是3.5‰。存款的月利率用千分数表示，如果要计算日利率，还可以用万分数表示。

出示万分号：‱。

(3) 思考题：两所学校的女生人数都占全校人数的49%，两所学校的女生一样多吗？为什么？

[设计意图：本环节的练习包括基础练习和拓展练习。在解决基本的百分数问题之后，教师顺着学生关于十分数的问题，引出了“成数”“折数”等生活中常见的数，甚至还继续带领学生探寻千分数、万分数等，这些问题都能引领学生的思维向更深处拓展，练习的深度可见一斑。]

五、新备学问题

将学生备学中尚待解决的问题作为后续的备学问题。

1. 分数、小数和百分数该怎样互化?

2. 怎样求一个数是另一个数的百分之几?

3. 关于百分数，你还有什么问题? 提出三个问题到小组交流。

[设计意图：有张力的课堂，均不会以句号来结束。一节课的结束只意味着某个知识点或环节暂时告一段落，学生备学或课堂上的问题并非都已解决，因此让学生带着问题走出课堂，既激发了他们继续研究的热情，也将课堂的真正意义发挥到极致。]

【教学反思】

那天，我上完了基于备学的公开课“百分数的认识”，自我感觉还不错，因为备学之后的课堂流程和特点还是能充分体现出来的，且与传统教学有着明显的不同。况且，在体现百分数无量纲性的环节，我自认为挖得比较深，能引导学生透过具体实例从份数的角度去理解百分数，凸显了百分数模型的抽象过程。对于百分数的好处这一知识点，在解决“谁是投篮王”问题时，学生在发现 7 个分数通分烦琐的同时，愈加感受到百分数的便捷和简单。

正当我有点沾沾自喜时，“协同教育”的倡导者顾飞宇老师一针见血的评价犹如一盆冷水，把我浇得透心凉。他认为，备学题设计还具有先学成分，因为出现了将要学习的百分数这一概念，学生自然会有先学举动，这背离了备学的初衷。他甚至帮我重新设计了备学题，主要从关系入手，引导学生回顾两个数量之间的关系，然后提出有关两个数量关系的问题。他虽不是教数学的，这样的设计却抓住了最为关键之处，真令人钦佩。顾老师还尖锐地指出：“你其实还是在告诉!”我想反驳，但有点心虚。

课堂上，在研究百分数与旧知的联系时，因学生经过了备学，大多数学生都知道百分数跟分数有联系，有些学生还能举例说明。当时，我让小徐呈现了自己的观点，以下是他做的思维导图。

百分数
- 分数：百分之几就是一百分之几（$\frac{\square}{100}$）
- 比：百分之几就是几比100（$\square:100$）
- 除法：百分之几就是几除100（$\square\div100$）

显然，他的思维导图清晰地反映了百分数与分数、比、除法的联系。

在肯定了他的想法的同时，有学生还提出，百分数跟小数有关，甚至跟整数有关。我在黑板上画了思维导图，并且从百分数与比的关系中揭示了“百分比”的概念，自认为这样处理还是比较能体现学生的主体地位的。

在研究百分数与分数的异同点时，问题一抛出，小张马上举手，他备学纸上的答案比较完整，他很快地照着念了一遍：“百分数和分数都能表示一个数是另一个数的几分之几，不同的是，分数能表示具体量，而百分数不能表示具体量。”显然，他将百分数和分数的本质联系分析得淋漓尽致，别的同学只需要听就可以了，即便在我的鼓励下，也无人愿意补充。

现在想来，这不是告诉是什么？这种备学成果固然完美，但它是学生独立思考的结果吗？或者说，它对促进学生思考起到了推动作用吗？从学生家庭作业的同类错误中，我发现部分学生并未真正掌握百分数与分数的联系。

“你其实还是在告诉!”这句话一直在我耳边盘旋。有时候，我们没有直接告诉，却借助其他形式在告诉，虽然看似民主，但霸权的本质并未改变。如果不能引发学生自己去思考，不能促进学生自己去感悟，那么不管结论的呈现形式多么完美，那依然是一种告诉。顾飞宇老师的话值得每一位教师警醒。



## “圆的面积”教学设计与反思

【教学内容】

五年级下册“圆”中的内容。

【教学目标】

1. 通过备学问题，激活有关面积和圆的知识。

2. 经历猜想、操作、验证、讨论和归纳等数学活动的过程，探索并掌握圆的面积计算公式，能正确计算圆的面积，并能应用公式解决简单的相关问题。

3. 经历圆的面积计算公式的推导过程，进一步体会转化的数学思想，增强空间观念，发展数学思考能力。

【教学重难点】

正确掌握圆的面积计算公式，了解圆的面积计算公式的推导过程。

【教学过程】

一、准备先行

课前（或课始）学生独立解决以下备学问题。

1. 回顾已学过平面图形的面积，举例说说它们的面积是怎样推导出来的，请用图或文字等予以说明。(至少写三个)

2. 我们学过圆的哪些知识？动手剪下教材中的圆，试着用自己的方法求出这个圆的面积，写出你探索过程中的三个发现。

3. 提出三个关于圆的面积的问题，进行小组讨论。

教师根据学生的备学情况进行教学的二度设计。

[设计意图：回顾已学过的平面图形面积的推导，有助于指导学生进行圆的面积的推导，因此，转化思想是本课要着重体现的。备学问题旨在激活学生有关平面图形面积推导及圆的知识和思维经验，而通过学生对圆的面积的求解和提问能找准教学的起点和关键点，同时让学生有备而来，成为学习的主人，这才是备学的真正用意。]

二、情境激趣

谈话：同学们，小兔正在为爷爷出的一道题而伤脑筋呢！想知道为什么吗？大家一起去看看吧！

呈现情境：小兔欢欢放学回家，爷爷为了考考它今天学得怎么样，便给它出了这样一道题：一根绳子，怎样才能把它围成一个面积最大的图形呢？小兔欢欢想啊想啊，直到太阳快下山了，还没想出来。同学们能帮帮它吗？

指出：希望通过今天的学习，我们能帮助小兔欢欢找到答案。

[设计意图：生动而有趣的情境不仅能激发学生的学习欲望，更能激发学生的探究热情。一根绳子，怎样才能把它围成一个面积最大的图形呢？这是一个综合性问题，涉及不同平面图形面积的算法，正是这样贴近生活、具有挑战意味的问题，才能真正让课堂充满活力。在解决真实而具有开放性的问题的过程中，学生需要去对比、判断、推理，这样，他们的数学素养才能得到长足的发展。]

三、经验分享

1. 组内交流讨论。

四人小组分工交流备学收获，相互纠正一些简单的错误，解决一些简单的问题，同时提炼出主要的发现和问题。

2. 全班分享展示。

(1) 复习已学过的平面图形面积的推导过程。

小组代表回答，课件随后演示。主要复习平行四边形、三角形、梯形等图形的面积推导过程，让学生重温转化这一数学思想。

(2) 复习圆的一些知识。

带领学生复习圆的半径、直径以及周长的概念。

揭示：圆所围成的平面图形的大小，叫作圆的面积。

[设计意图：经验的分享是一种互通有无，更是一种知识梳理。学生已有的平面图形面积推导经验，对本课学习起着至关重要的作用。长方形、正方形面积推导采用数格子的方式，平行四边形、三角形、梯形等面积推导采用转化的数学思想，这些对于推导圆的面积都有借鉴意义。另外，圆的半径、周长等知识更是研究圆的面积计算的基础，通过交流分享，将知识前后贯通，形成一个体系，这样的学习是充满张力和活力的。]



四、问题研讨

1. 鼓励质疑：关于圆的面积，你有哪些问题呢？

学生提问后，梳理出有关圆的面积的思维导图，如圆的面积的意义、公式、推导过程、作用等。

2. 应疑而研。

(1) 圆的面积跟什么有关呢？

提问：猜猜看，圆的面积跟什么有关？

课件出示不同大小的圆。

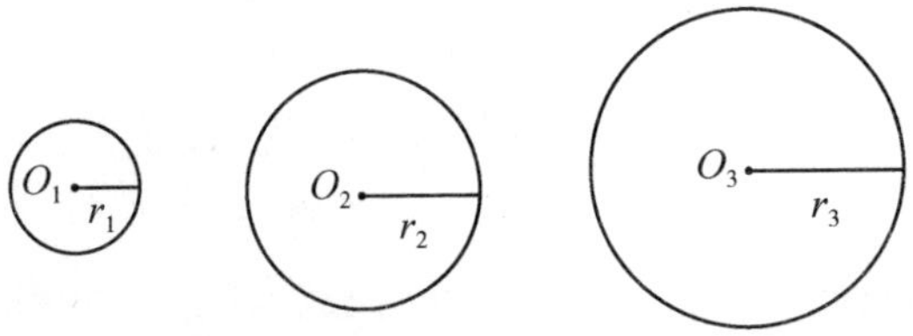


引导学生观察这些圆，发现圆的面积跟半径有关。

(2) 圆的面积跟半径有怎样的关系？

提问：刚才，大家一致认为圆的面积与它的半径有关，可是它们到底有着什么样的关系呢？

① 课件先出示一个正方形，再闪烁其中一条边，并以此为半径画一个圆。

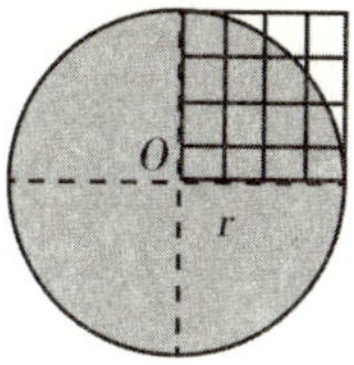


引导学生用数格子的方式得出圆的面积的近似值，以及圆与正方形之间的关系。

出示如下填空题。

A. 正方形的面积＝（　　）。

B. $\frac{1}{4}$个圆的面积≈（　　）。

C. 圆的面积≈（　　）。

得出：圆的面积大约是正方形面积的 3 倍。

课件出示下图。

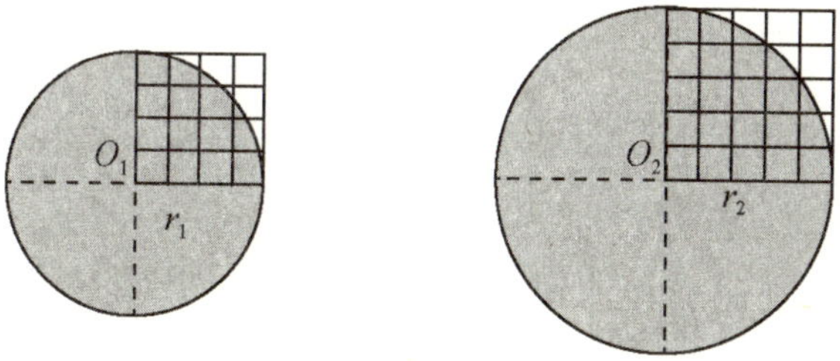


引导学生用同样的方法数格子，并计算出圆的面积大约是正方形面积的几倍，将得出的结果填在表中。

| 正方形的面积/$cm^2$ | 圆的半径/cm | 圆的面积/$cm^2$ | 圆面积大约是正方形面积的几倍（精确到十分位） |
|---|---|---|---|
| | | | |
| | | | |

② 谈话：刚才用数格子的方法，我们已经知道，圆的面积大约是其半径平方的 3 倍。除了用数格子的方法，还可以用画图的策略进行验证。

课件演示画图法。

说明：圆的面积比 $3r^2$ 大，比 $4r^2$ 小。

指出：刚才，我们先是数格子，然后用画图策略验证，最终发现圆的面积是其半径平方的 3 倍多一点。看来，我们离真理又近了一步。

(3) 怎样推导出圆的面积公式呢？

过渡：那圆的面积到底是圆半径平方的多少倍？看来我们还需要进一步研究。

同桌讨论：研究平行四边形、三角形和梯形的面积时，我们采用了什么方法？怎样研究圆的面积呢？说说你的设想！

学生自主交流，突出转化这一重要策略。

小组合作，共同研究，具体要求：①把一个圆沿半径剪成 8 等份，试着将其拼成一个已学过的图形；②把另一个圆沿半径剪成 16 等份，再试着将其拼成一个已学过的图形；③拼的过程中，你发现了什么？

学生交流展示，课件配套展演：从 8 等份、16 等份、32 等份……依次等分下去，分的份数越多，所拼的图形越接近长方形。

提问：圆形转化成了近似长方形，什么变了，什么没变？



学生形成共识：形状变了，但面积不变。

讨论：仔细观察拼成的长方形，它与原来的圆有什么联系？

师生交流、补充，得出：长方形的长相当于圆周长的一半，宽相当于圆的半径。

在此基础上，推导出圆的面积计算公式，以下是具体板书。

长方形的面积＝长×宽

↓　　　↓　↓

圆的面积＝$\pi r \times r = \pi r^2$

指出：圆的面积用 $S$ 表示，圆的面积计算公式就是 $S=\pi r^2$。现在看来，求圆的面积需要什么条件就可以了？

总结：知道了半径，用 π 乘半径的平方就能求出圆的面积了。

[设计意图：备学中，学生提出的问题大致如下："圆的面积跟什么有关？跟它有怎样的关系？""怎样推导出圆的面积计算公式？""怎样求圆的面积？"……这些显然都是本课的核心问题。本环节就是围绕这些核心问题展开教学的。在研究圆的面积跟什么有关时，主要采用观察法，通过出

示不同大小的圆，让学生意识到圆的半径决定圆的大小（即圆的面积）。至于圆的面积跟半径有什么关系，主要通过与边长为 $r$ 的正方形对比，用数格子、直观演示的方法进行验证，让学生对圆的面积有一个初步体验。推导圆的面积环节，在学生合作探究的基础上，教师顺势呈现圆转化成近似长方形的过程，借助直观演算，引领学生经历探索圆的面积计算公式的过程。]

五、巩固练习

1. 一个圆的半径是 5 厘米，面积是多少平方厘米？

学生独立计算，并汇报反馈。

2. 育才小学有一个圆形花圃，周长是 25.12 米，这个花圃的面积是多少平方米？

引导学生先算出圆的半径，再计算面积。

学生独立计算，并汇报反馈。

3. 兔子爷爷给小兔的绳长 62.8 米，围成什么图形面积最大呢？

引导学生比较围成的正方形和圆形的面积。

正方形的面积：62.8÷4＝15.7（米）

15.7×15.7＝246.49（平方米）

圆形的面积：62.8÷3.14÷2＝10（米）

10×10×3.14＝314（平方米）

得出：当周长相等时，围成圆形面积最大。

[设计意图：练习设计由简单至复杂，由单项训练到综合练习。第一题直接运用公式解决圆的面积问题，目的在于使学生熟悉计算公式。第二题稍微增加难度，告知周长求面积，需要先求出半径，再计算面积，将圆的周长和面积的公式综合起来运用。第三题是课始的疑问，解决这个问题需要用实例来证明，告知具体绳长，引导学生计算正方形和圆形的面积，比较后得出：当周长相等时，圆形的面积最大。]

六、拓展提升

拓展：刚才有同学问，能不能把剪下来的小扇形拼成三角形或梯形。你们认为能吗？让我们一起来看一下。（课件出示拼的过程）那利用拼成的三角形和梯形能推导出圆的面积计算公式吗？有兴趣的同学可以课后去研究研究，好吗？

提问：今天我们一起研究了圆的面积，对于圆的面积，你还有什么问题吗？

呈现学生提出的更多问题，如圆的面积还可以怎么推导？圆的面积还有什么作用？……

总结：我们通过数一数、剪一剪、拼一拼的方式，研究了圆的面积。我们得出了圆的面积计算公式，并会利用这个公式解决一些实际问题。就让我们带着问题，凭借智慧走进生活，去解决生活中更多的数学问题吧！

[设计意图：在拓展提升部分，教师并未仅仅满足于让学生推导出公式，而是继续呈现其他的转化方式，这样既拓宽了学生的视野，又增长了他们的智慧。同时，随着问题的进一步提出，鼓励学生课后继续研究，课堂呈开放态势，具有伸展的力量。]

【教学反思】

如今，培养学生的核心素养越来越受到教育者的重视。那么，作为一名数学教师，从学科角度看，培养学生的数学核心素养有哪些切入点呢？有专家认为，核心问题与核心概念是核心素养的生长点。的确，核心问题是指在教学中能起主导作用，能引发学生的积极思考、讨论、理解，对知识的学习、方法的探究、问题的解决能起到“牵一而发动全身”的问题。教学某一内容时，如果教师能紧扣核心问题和核心概念，促使学生思考并揭示与事物本质相关的问题，就能取得事半功倍的效果。



上海特级教师潘小明指出，核心问题是基于课时核心知识及学生的认知水平、关注数学核心素养、引领课堂教学的情境性的问题，他建议用核心问题引领学生的探究学习，培育学生的数学核心素养。的确，核心问题是培育核心素养的关键。那么，怎样寻找和确定核心问题呢？

第一，深度剖析，确定适切的关键问题。

核心问题往往来自教师教学实践、教学反思所生成的教学智慧。教学前，教师应深度剖析教材，找准关键问题。对于本节课而言，圆的面积跟什么有关、有着怎样的关系等问题都直指圆的面积的本质属性。教材在圆的面积计算公式推导之前，增加了探索圆的面积跟半径关系的环节，因为圆的面积的大小与半径紧密相关，半径是圆的面积的决定因素，这样的编排无疑大有裨益。把握住了这一核心问题，就能巧妙突破难点。

第二，关注经验，收集适合的焦点问题。

核心问题源于学生先行的学习准备活动。课前，引导学生围绕平面图形的面积和圆进行回顾和思考，能激活学生的已有知识经验和思维经验。据此，课始设计了关于小兔欢欢解决问题的情境：一根绳子，怎样才能把它围成一个面积最大的图形呢？这一问题旨在打通平面图形面积之间的联系。随着研究的深入，学生得出结论：在周长相等时，围成圆形面积最大。这个问题的解决，使学生既加深了对圆的面积计算的认识，同时，也重构了平面图形面积计算的知识结构。

第三，灵活调控，反馈适当的疑点问题。

核心问题还源于教师对课堂生成的灵活把控。课堂上，教师应创设开放而宽松的情境，给学生发言和提问的机会，同时要认真倾听学生的想法，敏感地捕捉随机生成的观点。本节课，学生还提出了一些疑点问题，如圆的面积还可以怎么推导，圆的面积计算公式有什么作用，等等。对此，教师引导学生把剪下的小扇形拼成三角形或梯形，用电脑呈现了剪拼过程，并鼓励学生课后去试着推导。关于圆的面积不同的推导方式，进一步夯实了圆的面积计算，也拓宽了学生的视野。至于圆的面积计算公式的作用，在后续的练习中，可不断凸显它的实践意义。总之，数学的核心问题应有利于学生思考与揭示事物的本质，既要符合问题的特征，又要满足教学的需要。核心问题可以是针对概念的本质内涵所提的问题，也可以是引导学生探究知识、具有启发性的问题，还可以是在学生认知困惑处的方法指导或思路点拨的问题。数学核心问题与核心概念的研究，为落实数学核心素养找到了抓手，因此数学核心问题与核心概念是数学核心素养的生长点。

## “射线、直线和角”教学设计与反思

【教学内容】

四年级上册“垂线与平行线”中的内容。

【教学目标】

1. 经历观察、画图和交流等活动过程，认识线段、射线和直线的特征，知道三者的联系和区别，进一步认识角，知道角的记法和读法。

2. 结合生活经验体会两点间所有连线中线段最短，能应用这一结论解决简单的实际问题。

3. 在探索新知的过程中初步感受抽象、推理等数学思想，发展空间观念，获得学习成功的愉悦体验。

【教学重难点】

1. 理解和掌握线段、射线和直线，以及角的特征。

2. 在头脑中初步建立无限的概念。

【教学过程】

一、准备先行

课前（或课始）学生独立解决以下备学问题。

1. 画一条5厘米长的线段，仔细观察，写出线段的三个特点。

2. 生活中，有哪些物体的边可以看成线段？举出三个例子。

3. 试着举出三个不是线段的线的例子，并提出三个问题来讨论。

教师根据学生的备学情况进行教学的二度设计。

[设计意图：线段是学生二年级学过的知识，大多学生会画线段，对线段的特征也有依稀记忆。梳理和激活有关线段的知识经验和生活经验，对射线和直线的学习至关重要——牢固掌握了线段的特征，特别是端点的作用后，射线和直线的学习也就水到渠成了。基于学生的各种经验进行教学，才可能做到顺学而教、顺疑而展。]

二、经验分享

1. 组内交流。

四人小组分工交流备学收获，提炼出主要的发现和问题。

2. 全班分享。

(1) 重温线段的特征。

选取学生的典型作业，先出示生1的作业。

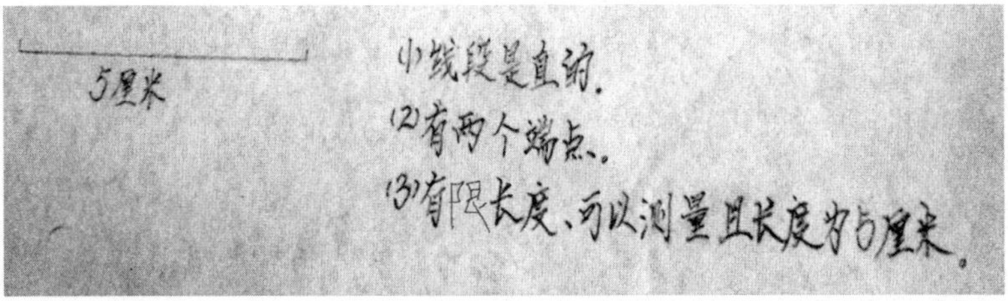

再出示生 2 的作业，与生 1 的作业进行对比。

追问：画线段时，能不画两端的点或小竖吗？为什么？

得出：画小竖或小圆点都是为了表示封起来，不能再延长了。不画两个点，就不是线段了，它还能继续延长。

强调：两个端点对一条线段的长度起着决定作用。

再出示几个学生的作品，重温线段的特征（直的、两个端点、有限长、有始有终），并完成板书。

(2) 举出生活中线段的例子。

提问：生活中，有哪些物体的边可以看成线段？

学生汇报，教师相机让学生指出线段的两个端点。

教师举例，对着教室窗户打开激光测距仪，一个小红点出现在窗上，引导学生观察：现在的激光光线可以看作一条线段吗？你能想象到这条线段的存在吗？这条线段的两个端点在哪儿呢？（指名读出线段长度）

接着，把激光射向后墙，墙上出现了一个小红点，再次引导学生思考：激光的光线现在还可以看作一条线段吗？这条线段的端点在哪儿？（指名读出线段长度）这条线段的长度和刚才比变得怎样了？

谈话：其实，早在 1969 年 8 月 1 日，科学家就用巨大的激光器向月球发送了一束明亮的激光，这束光走了 380000 千米到达月球。

提问：你能想象出这条线段吗？它的端点在哪里？

指出：虽然这条线段很长很长，但它依然是可测量的、有限的。

［设计意图：关于线段的特征，如果只掌握直的、两个端点、有限长、有始有终这几个关键词，表明认识依然浮于表面。线段为什么有两个端点？线段为什么是有限长、可测量的？明确这些问题才能直抵线段的本质。课堂上，学生揭示线段的特征后，教师不失时机地追问："画线段时，能不画两端的点或小竖吗？为什么？"这就凸显了端点的重要性，端点对线段的长度具有决定作用。正因为有端点阻隔，线段才无法继续延伸，所

以线段是有限的、可测量的。这一追问看似不经意，其实颇具深意。举例时，教师不时让学生指出想象中线段的端点，说出线段的长度，都进一步加深了学生对线段特征的理解。]

三、探索射线和直线的特征

1. 研究射线的特征。

(1) 画射线。

课件出示激光射向浩瀚宇宙的场景。

提问：如果这束光线有足够的能量，能毫无阻挡地射向远方，无限延伸，这样的光线可以怎么画？试着在纸上表示出这种线！

学生想象并尝试画射线，然后反馈交流。

指出：同学们真了不起，创造出了一条射线，跟数学家想的一样。数学家选择了用一个端点来表示射线。

课件动态演示：把线段的一端无限延长，就得到一条射线。

示范射线的画法：只有一个端点，直直地射向某一个方向。

强调：只画一个端点，另一端不画端点，就能无限延长，跟长短无关。

师生总结射线的特征（直的、一个端点、无限长、有始无终），并完成板书。

(2) 举出生活中射线的例子。

学生举例，教师用课件出示灯光等图片。

2. 研究直线的特征。

提问：既然线段的一端无限延伸产生射线，那另一端也无限延伸，产生的这种向两头无限延伸的线叫什么？怎么把这种线表示出来呢？

学生想象并交流想法。

课件动态演示：线段的两端无限延伸，形成一条直线。

教师指导学生画直线。

师生总结直线的特征（直的、无端点、无限长、无始无终），并完成板书。

3. 比较三种线的异同点。

提问：比一比，说一说线段、射线和直线有什么相同和不同的地方。

学生讨论后，得出：线段、射线和直线都是直的线。线段有两个端点，射线有一个端点，直线没有端点。线段是有限长的，射线和直线是无限长的。

4. 练习：下面哪些是线段，哪些是射线，哪些是直线？

① ② ③ ④ ⑤ ⑥ ⑦

5. 研究线段、直线的价值。

谈话：线段和直线有什么价值呢？让我们一起来体会。

(1) 感受线段的价值。

提问：请看这幅图，连接 $A$、$B$ 两点的一共有三条线，你能很快找到线段吗？比较这三条线，哪条最短？你是怎么知道的？

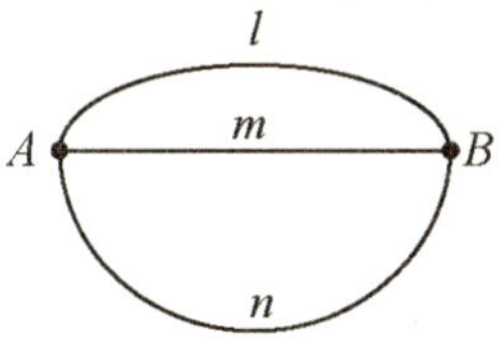


学生回答后，课件演示曲线拉长的过程。

提问：连接 $A$、$B$ 两点有很多条线，通过比较，你发现了什么？

揭示：两点之间，线段最短。

提问：体会到线段的价值了吗？我们把连接两点的线段的长度叫作这两点间的距离。

指出：还记得课开始时的“神器”吗？这个“神器”叫作激光测距仪。我们测量出的发射点与远方光点之间线段的长，其实就是发射点与光点之间的距离。

(2) 感受直线的价值。

提问：我们可以想象出直线的样子，也能把它画下来，但生活中很难找到直线的例子。直线有怎样的价值呢？关于直线的价值，我们可以在练习中体会。

出示标上了 0，1，2，3，4 的一条直线。

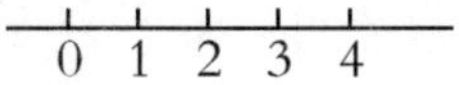


提问：5在哪里？10在哪里？

学生发现：5在这条直线上，在4的后面。10还在这条直线上，但是屏幕上画不下了。

指出：虽然在屏幕上看不到10，但是10依然在这条直线上。

提问：如果10在这里，那100呢？更长了。1000呢？更长了！能找到最大的数吗？为什么？

学生发现：不能找到最大的数，因为直线是无限延长的，所以上面的数也是无限大的。

说明：刚才感受了0右边的数，其实，0左边的数也有很多很多，以后，我们会继续研究。你感受到直线的价值了吗？

[设计意图：对射线的学习依然从现实情境引入，让学生凭借想象，用简洁的方式表示出射向无穷远的光线。学生所“创造”的射线，固然存在各种问题，但辨析完善的过程恰是理解射线特征的极好时机。因为有有关端点作用的铺垫，学生画射线并非难事，只画一个端点，另一边不画端点，可任意长短，画的过程中加深了学生对射线特征的认识。而对直线的学习也显得水到渠成，学生很容易就概括出直线的特征，直线两边都没端点，意味着没有阻隔，可以无限延长。揭示“两点之间，线段最短”规律的同时，线段的价值凸显无遗。而通过数轴上的无穷多的数体现了直线的价值，将数形结合起来，也颇具新意。]



四、研究角的特征

1. 感受角的作用。

谈话：接下来，我们继续研究。经过一点你可以画几条直线？

学生认为可以画无数条，但教师又要求学生过某条直线的一点再画另一条直线。

展示三名学生的不同画法，指出正误。

提问：盯着这幅图看，你在图上还看到了什么？（角）

指出：经过一点的两条直线，有着无数种位置关系，为了表示它们不同的位置关系，人们就想到了研究角。当其中一个角确定时，两条直线的位置关系就确定了。

2. 自学角的知识。

谈话：关于角，我们以前也学过，请大家自学教材中的内容，看看你们对角又会产生什么新认识。

学生汇报交流：从一点引出两条射线，就组成了一个角；角有一个顶点、两条边，角的两条边其实就是两条射线。

追问：角的大小跟什么有关？你能解释其中的道理吗？如果将角的两条边延长，角的大小会改变吗？

得出：角的大小和两条边叉开的程度有关，与两条边的长短无关，角的两条边是射线，射线可以无限延长，无论画多长，角的大小都不变。

学生继续介绍：角可以用符号“∠”表示。

3. 关于角的练习。

完成教材上的练习。

[设计意图：本环节从两条直线的位置关系引出角，当两条相交直线的其中一个角确定后，两条直线的位置关系就能确定，这其中凸显了角的价值。对于角，学生并不陌生，他们能认出角，还知道角各部分的名称。但此处学习角，如果仅仅停留于这一层面，不免显得肤浅。学习了射线后，进一步揭示角的形成过程，即由一个点引出的两条射线组成角，表述大有深意。教师适时追问：“角的大小跟什么有关？你能解释其中的道理吗？如果将角的两条边延长，角的大小会改变吗？”这样的问题不仅能让学生感受到角大小的确定依据，还能让学生进一步领会射线的特征。教学只有始于学生的经验，又超越学生的经验，才能培养学生良好的数学素养。]

五、总结延伸

提问：今天，我们一起学习了什么内容？（出示课题）研究了射线、直线和角的特征、价值后，你还有疑问吗？

指出：课堂就像一条线段，同学们自始至终都能热情参与，做到有始有终。而我们的学习像什么线呢？学习就像一条射线，永无止境，有始无终，希望大家能带着问题走出教室，不断研究新的数学问题。

顺势出示备学中学生提出的问题，如线段是直线的一部分吗？曲线的特点是什么？线段比直线短吗？怎样测量角的大小？……

出示机动问题：请你在一条直线上画出两个点，使这两点之间的距离是4厘米。

提问：画完后，在图中找到线段、射线和直线，再说说自己有什么发现。

得出：线段、射线都是直线的一部分。

[设计意图：恰当的总结延伸，能使课堂具有一定的张力。教师呈现学生备学中提出的问题，让学生带着问题走出课堂，这能将学习推向深入。教师的结语，将课堂比作线段，将学习比作射线，不仅再次凸显了线段和射线的特征，也颇具哲理，意味隽永，耐人寻味。课的结束，只意味着暂时的停止，那些有趣的问题将引着学生走向新的开始。]

【教学反思】

本节课是在学生初步认识了线段和角的基础上进行教学的，也是学生进一步学习角的度量和分类，以及垂线、平行线的基础。线和角又是图形与几何的基础知识，它们构成了平面多边形的主要元素，所以应促使学生建立关于线和角的明确、清晰的概念。但射线和直线在现实生活中并不存在，是为方便数学研究而想象出来的，它们都具有直、无粗细和无限延伸三个要素，这对初学几何知识的学生来说是较为抽象的。基于上述认识，根据学生的认知特点，我采取多种方法，力求有效突破教学难点，并促进概念理解。



第一，起点导向，充分关注学生的现状。

美国著名心理学家奥苏伯尔在其著的《教育心理学》一书的扉页上写道：" 如果我不得不将教育心理学还原为一条原理的话，我将会说，影响学习的最重要因素是学生已经知道了什么。" 他还指出，意义学习有两个先决条件：一是学生表现出一种意义学习的心向，即表现出一种在新学的内容与自己已有的知识之间建立联系的倾向；二是学习内容对学生具有潜在意义，即能够与学生已有的知识结构联系起来。本课新学内容与学生已有知识建立的实质联系正是线段，也就是学生对线段" 端点" 的理解，这正是影响学习的最重要的心理学因素。课前，学生围绕画线段、回顾线段特点等问题进行准备，这是了解学情的重要方式。备学反馈时，针对个别学生画线段不画端点的现象，我追问：" 画线段时，能不画两端的点或小竖吗？为什么？" 这一问题突出了端点对线段的重要意义——正是因为有了端点的阻隔，线段才是有限的和可测量的。这个环节也为后面学习射线和直线的特点埋下了伏笔。然后，让学生举出生活中有关线段的例子，能做到以起点为导向，充分关注了学生的数学现实。

第二，理解引路，自主探究图形的特征。

研究射线的特征时，为了使学生更深刻地领悟，做好从"无限"到"有限"的突破，我把学生的关注点从想象转移到画射线、说理由这一生长点上。我问："这样的光线可以怎么画？试着在纸上表示出这种线！"学生纷纷想象并尝试射线，体会"无限长"的含义。"这样的尝试，加深了学生对射线特征的理解。这一问题充分尊重了学生原有的知识和经验，很好地调动了学生的主体意识和创新意识，培养了学生自己解决问题的能力。以理解引路，让学生自主探究图形的特征，为后面学习直线的知识奠定了基础。

第三，本原求索，巧妙沟通图形之间的联系。

教材是最重要的活动资源和进行教学活动的主要依据，教师要深入研究教材的编写意图。课前我一直在思考："在'垂线和平行线'这个单元中，教材为何安排了'角'的知识?"为了解决这个疑惑，我认真研究了数学史，突然明白：两条相交的直线只要有一个角确定了，它们的位置关系也就确定了。在课堂上，我试图让学生明白：数学知识从哪里来就要到哪里去。在教学"角"这一知识点时，我并没有过于强调"从一点引出两条射线所组成的图形叫作角"，因为这句概念学生可以从教材的例题中自己发现，但透过这句抽象的概念，学生是否真正理解了角的存在价值呢？我站在数学史的角度，将"直线"与"角"结合，从数学史中寻找数学智慧，引导学生明白研究角的缘由：因为要研究两条直线之间的位置关系，所以人们才开始研究角。这样的教学设计，为学生打开了一条深度理解的路径，巧妙沟通了图形之间的联系，同时追本溯源，使学生领会了角的学习价值。

课结束了，但思考并没停止。怎样带领着学生在想象和说理中感悟图形特征和价值？怎样把抽象概念与学生已有的观念相结合？我虽然做了一些尝试，但感觉还远远不够，以后还将继续努力。

## 第三节　基于素养的深度教学

中国教育学会副会长朱永新说：“我一直说最好的教育，应该是让每个孩子成为自己。所以学校应该做什么？应该成为汇聚美好事物的中心。让所有的孩子在学校里面，能够和那些美好的事物相遇。然后从中发现自己、找到自己、成就自己，这需要的就不能仅仅是一张考卷、一个分数。让做艺术的人去享受艺术，让喜欢竞技的人去享受竞技，让喜欢科学的人去探究科学，让那些喜欢社会交往的人去做深入的交往。”的确，学校教育应以素养为重，教育内容应更多元，评价方法应更多样，让每个人都成为学校的明星，让每个人都有他自己的美好未来，教育的最终目的是帮助每个人都成为他自己。

基于核心素养的课堂，必然体现为一种深度教学。师生是课堂的基石，但思维是课堂扎下去的根。根的力量，表面难以看见，却始终在深层发挥着关键作用。我们始终在思考，有没有一种办法能够让根的力量体现在表面，约束教师或学优生，顺应全体学生的思维来开展课堂学习活动？课堂上，怎样去倾听现场每个人的声音，怎样去顺从现场共同的问题，怎样真正为现场每个人着想？我们认为，这是课堂改革最根本的方向，因为一切课堂改革都是为了让师生的课堂学习生活更美好。

德国哲学家卡西尔认为，人性并不是一种实体性的东西，而是人自我塑造的过程，真正的人性无非就是人的无限创造活动。从这个意义上看，创新素质是人的本性表现，它体现为一种“自我塑造”。课堂教学必须促进人（包括教师和学生）的自主学习，使学习者成为课堂的主人，使学习成为课堂的中心，这样才能释放学习者的自由和天性，这样的教学才能不断走向深入。基于此，我们提出了“学为主导”这一教学理念。

“学为主导”的教学探索，以师生协同的学习活动为主导，是一种指向深度学习的教学实践模式，强调教学定位于课堂中师生的“学”。教师备课引导学生备学，学生备学引导教师备课，师生相互激活思维，先备后学，不教而学，教即为学。这样，师生都是学习者，课堂就会变成阳光灿烂、灵性生长、创新萌生的舞台。

## 一、寻找思维生长的课堂

如今，课堂阻滞学生思维发展的现象时有发生。过多的碎片式提问，限制了学生系统思考和整体建构的能力；面对学生单向度和浅表性的思考，教师缺少指向深度思维的引导；过分注重合作学习，导致课堂缺乏高品质的独立思维活动……凡此种种，导致一些课堂教学浮于表面，教师对所教知识挖掘得不够深入，学生的思考停留在浅表层面，其学习力、探讨力自然也无法得到提升。

如果用一个鸡蛋来比喻教育，那么大多数人都能做到蛋壳这个层次，即外在的、表面的、普通人理解的教育，那是最容易达到的教育。也有一部分人深入了蛋清的层次，注重学生的思想和过程。这部分人大多是专家，能突破表面浅层教育，深入内心思想，已经很不容易了。只有极少数人能做到蛋黄这个领域，即核心思想，这是根本的教育，是灵魂的教育。这些人才是真正的研究者，他们更关注学生参与活动的过程，注重研究学生思考的过程，也就是思维的生长过程。



正如美国心理学家斯腾伯格所言："教育最重要的目标就是引导学生的思维。"思维能力是学生的核心素养，发展思维是教学的主要目标和关键内容。训练思维能力，为提升思维能力而教，是统整"教什么"与"怎么教"的契合点。



数学是思维的体操，思维是数学的灵魂。没有思维，数学就失去了生命与活力。以思维为基础进行教学，提升数学能力才能得到有效的落实。因此，数学课上，思维绝不能缺席，有益的思考方式和应有的思维习惯应放在数学教育的首位。数学思维是学生数学素养的重要组成部分，也是学生学习数学的根，可以毫不夸张地说，数学教学就是数学思维活动的教学。在教学中，教师要创设有效的思维情境，充分暴露学生的思维过程，给予学生思维生长的空间和时间，教会学生思考，逐步增强学生主动思考的意识，优化他们的思维品质。

随着数学教育改革的推进，未来的数学学习将更加侧重结构、思想、理解、变式、经验这五个方面，这就凸显了思维的重要性。教师要深挖教材与资源，引领学生参与深度学习，注重学生思维的发展，促进学生学习力的提升。

寻找思维生长的课堂，教师要从思想上改变自己，不能一成不变地搞教学，要研究如何设计教学才能让学生的思维动起来，要试着挖掘数学知识的根。最本真的教育就是思想的成长。一个人的思想强大了，他的潜能就能充分发展。其实，各个学科的教学，外在表现都是使学生学会知识、理解知识，但内核都是培养学生的思维。在教学中，教师不断启发诱导，努力联系生活实际，最终目的就是促进学生思考。学生只有不断思考，才会理解，才会进步，才会提升。

以下是我在寻找思维生长的课堂过程中所写的教学随笔。

## 让学生经历数学化的过程

前段时间，我有幸聆听了特级教师周卫东执教的“找规律”一课，其高超的教学艺术令所有观课教师折服。整节课中，周老师将重点放在了“找”上，让学生用数学的眼光去寻找并发现周期现象的规律，在对比、优化、建模等活动中，使学生经历了一个数学化的过程。现摘录几个片段加以赏析。

片段一：务本，立足数学分析问题

导入之后，教师出示例题场景图（上面依次有规律地排放着三组物品：彩旗、灯笼和盆花）。

师：谁有一双数学的眼睛？

教师让学生同桌互说观察后的发现，学生很容易就找到了三种物品的摆放规律。

师：同学们真了不起，发现三种物品的摆放都是有规律的。彩旗是怎么摆的？

生：四面一组。

师：用数学上的词，可以怎么说？

生：四面一组，依次摆放。

生：它们是有规律、有顺序的。

师：在数学上，像这种依次、有顺序的摆放，叫作周期现象。

接着，教师让学生举出生活中的周期现象。

师：再看例题场景图，你能提出数学问题吗？

生：第 21 面彩旗是什么颜色？

生：第 29 个灯笼是什么颜色？

由此，教师出示整合性问题：照这样排下去，从右边起第 15 个物体是什么颜色？

数学教学有其自身的特点——在夯实“双基”的同时，更注重培养学生的创造性思维能力。从学生终身发展的角度而言，数学课堂承载了引领学生逐步学会数学思考、培养学生发现数学的眼光、发展学生热爱数学的情感的学科本质。以上片段中，教师正是站在了数学学科的立场，引导学生用数学的眼睛观察问题，让学生从数学的角度发现问题、分析问题的，彰显了数学学科的本色。授课伊始，就洋溢着浓浓的数学味，教师引领着学生渐渐走向数学化的进程。

片段二：求简，通过对比优化算法

解决例题的第一个问题：从左边起，第 15 盆花是什么颜色？

先让学生尝试解答这个问题，汇报时，学生出示了几种方法，教师引导学生自己为方法命名，主要方法有画图、计算、推想。

师：在这些方法中，你觉得哪种方法最好？

生：计算最简便，如果数字很大，就画不过来了。

师：你能评价一下推想这种方法吗？

生：推想也很简便！

生：我觉得画图很直观，如果很多，就可以用省略号表示。

师：看来这些方法都有自己的优势。下面，请你用你喜欢的方法解决问题。

出示另两个问题：第 15 面彩旗是什么颜色？第 15 只彩灯是什么颜色？

教师让学生尝试，并提示学生：不要只满足于找到答案。

汇报时，大部分学生用了计算的方法，教师引导学生分析算式的含义。也有少数学生用了画图的方法，教师也给予了肯定。

师：你觉得画图的方法怎么样？

生：如果有 100 个，画图就很麻烦了。

至此，教师虽未言明，但学生已基本形成共识：在数据大的情况下，计算比较简便。

美国教育心理学家加德纳说过："数学的真谛就在于不断寻求越来越简单的方法证明定理和解答问题。"的确，相对于实际问题而言，数学化的过程必然包含一定的简化和理想化。在以上片段中，面对学生的多种方法，教师不仅能及时给予肯定，还能引导学生辩证地去看待。在问题的解决过程中，学生的思维不断发生着碰撞，虽然教师没有刻意去优化方法，但学生的观念在不知不觉中发生了转变。最后，学生都意识到：对于这一类问题，计算是最简洁、最普遍的解答方法。教师将方法的优化融于无形的活动中，真正体现了数学求简的本质特征。

片段三：建模，透过现象寻找共性

在例题教学中，对于得出的三个算式，教师组织学生进行比较和提升。算式如下：

15÷2=7（组）……1（盆）

15÷4=3（组）……3（面）



15÷3=5（组）

师：这三道算式一样吗？

生：不一样。

师：有没有一样的地方？

生：都是15个。

师：假如研究的是20个、100个、1000个呢？被除数代表的是什么呢？

生：代表总个数。

师：还有共同之处吗？

生：除数代表每组有多少个。

生：除数代表周期。

师：再看结果，你觉得可以分成几类？

生：分成两类，一类有余数，一类没有余数。

众所周知，数学的发展是伴随着对数学模型认识的扩大和深入而进行的，而模型的建构与研究更可被看成数学思维的最重要特性。在数学模型的建构过程中，我们应当更关注具有关键作用的量和关系。以上片段中，当学生用算式计算出结果后，教师针对这些不同的算式引导学生找寻共同之处，这便是“异中求同”。在不停追问中，教师帮助学生建立了解决此类问题的数量关系，即“总个数÷每组多少个＝组数……余数”。正是因为建立了这样的解题模型，学生在解决此类周期问题时，思考方式才变得更简洁，解决问题的方法才变得更简便，这真正体现了数学的魅力。

总之，正如南京大学的郑毓信教授所言，所谓“数学化”，是指如何由实际问题去建构出它的数学模型，并应用数学的知识和方法以求得问题的解决。可见，数学化的过程直接关系到数学的实际应用，当然，这其中也涉及一些十分重要的思维方式或研究思想。诚哉斯言！在数学化方面，周老师的做法堪称典范！教学中，他引导学生对事物或现象进行了深度研究，通过一系列数学活动揭示了事物和现象中存在的规律，并最终建立了解决问题的数学模型。可以这样说，他真正让学生经历了一个数学化的过程。



## 关系思维：学生数学学科素养的精髓

数学是一门体系化科学，系统化是数学不可分割的本质属性之一。《义务教育数学课程标准（2011 年版）》指出：“数学是研究数量关系和空间形式的科学。”显然，数学主要研究数量和图形之间的关系，关系是数学的核心和精髓。具有关系思维能精准把握各类关系，关系思维是体现个体数学学科素养的重要方面。学生学习数学，凭借关系思维，能将数学知识系统化，在头脑中建立起数学的体系和框架。但如今，关系思维作为学生数学素养的核心，被重视的程度还远远不够。对教师而言，培养学生的关系思维，仍然任重道远。基于以上思考，我们以小学数学图形知识的学习为例，进行了一些研究和探索。

1. 系统把握：关系是数学的核心和灵魂

古希腊哲学家亚里士多德说：“数学家用抽象的方法对事物进行研究，

去掉感性的东西诸如轻重、软硬、冷热，剩下的只有数量和关系，而各种规定都是针对数量和关系的规定。”诚然，数学中定义的那些东西本身并不重要，重要的是这些东西之间的关系。史宁中教授也说：“我们通过抽象得到什么？得到数学的研究对象。光有对象不够，更重要的是对象之间的关系。”可见，关系是数学的核心和灵魂。在图形知识的教学中，教师要系统把握，清楚研究图形关系的不同角度。

（1）从图形的元素、属性等方面研究关系

分析和研究图形的元素、属性等关系，能深入理解图形的特征，沟通各要素之间的联系。图形的各元素之间、图形与图形之间的关系主要包括图形的大小、位置及形状之间的关系。点与直线的位置关系、直线与直线的位置关系、点与圆的位置关系、直线与圆的位置关系等，是义务教育阶段几种主要的图形位置关系；轴对称、中心对称、平移也反映了图形与图形之间的位置关系。

（2）从图形的运动、转换等方面研究关系

实物与抽象出的立体图形有着对应关系，同样，立体图形与其展开图之间也有着对应关系。把握这种对应关系，能培养学生的空间观念和立体视野。

平面图形和立体图形虽不同类，但它们之间也有着对应关系——平面图形绕轴旋转一周，可以得到对应的立体图形。

例如，研究长方体、正方体及圆柱体等的展开图时，就体现了三维图形与二维图形之间的相互转换。通过对图形及其关系的观察、抽象、想象，能培养学生的空间观念，促使学生形成系统思维。

（3）从图形的周长、面积等方面研究关系

研究图形的周长、面积、体积时，如果能放在关系的宏观视角下，则更能突出图形的核心特征。从图形的周长、面积等方面研究关系，无疑会给学生带来一种新的思维冲击。

例如，三角形的面积公式是“底×高÷2”，其中的“底×高”并不能简单地理解为两个数相乘，实际上是算出了一个等底等高的平行四边形的面积。也就是说，每一个三角形都是与其等底等高的平行四边形的一半。学习三角形的面积，就是认识三角形和与其等底等高的平行四边形的关系。

2. 深度研究：开展基于关系的教学探索

对学生而言，如何从关系角度学数学？日常教学中，很少有教师会进行这方面的思考和探索。因此，我们开始了基于关系的教学探索。近期，我校开展了有关“图形之间的关系”的专题研讨。“图形之间的关系”是北师大版数学教材六年级下册总复习的教学内容。在本节课的教学设计过程中，我们不断思考着以下问题：“图形之间的关系”的目标定位是什么？如何引导学生自主梳理知识？如何提高学生整理知识的能力？如何让复习课带给学生新感觉？

最终，我们把“理解关系”作为重要教学目标。这样的选择主要基于如下考虑：第一，学生对于各种基本图形的概念与特征已经比较清楚；第二，复习课的一个重要任务是把各相关知识点连成线、结成网；第三，把握对象之间关系的能力是数学能力的重要组成部分。本课主要包括两个层次的内容：其一是用集合图的方式整理所学图形，形成一个比较完善的知识体系；其二是沟通平面图形和立体图形之间的联系，使学生能进行二维与三维之间的变换。以下是具体教学环节。

（1）触摸源头，激活“关系”经验

事实上，对于小学生来说，把握关系是比较困难的事情。课始，教师跟学生进行相关谈话，目的是用学生熟悉的事例，帮助他们理解两种关系，即包含关系和并列关系。

① 初识包含关系

教师询问学生：“你们该怎么称呼我？平时，有人叫我老师，也有人叫我数学老师，那么，‘老师’和‘数学老师’这两种说法有区别吗？”学生回答后，教师画出集合图，并点明：这种图叫集合图，也叫韦恩图，可以表示两个具有包含关系的概念。

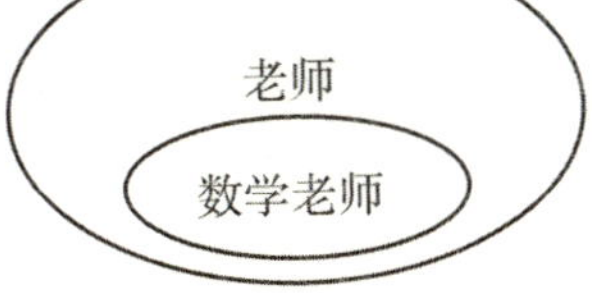

② 体验并列关系

学生举出具有包含关系的事例后，教师提问：“如果在‘数学老师’这个圈里再画两个小圈，它们可能表示什么呢?”学生联想到“小学数学老师”和“中学数学老师”后，教师继续追问：“‘小学数学老师’和‘中学数学老师’跟‘数学老师’有什么关系呢?”学生发现：它们都是数学老师的一部分，是包含关系。教师继续问：“那么，‘小学数学老师’和‘中学数学老师’之间是什么关系呢?”从而引出“并列关系”这一概念，教师画出相应的图式，接着，让学生继续举出实例。

（2）借助分类，建构“关系”网络

史宁中教授说：“义务教育阶段（尤其是小学阶段）图形关系的核心在于分类。”分类是一种比较常用的整理方法。教学过程中，教师可借助分类建构图形之间的关系网络。

① 树形图：分类梳理

进行图形知识的系统整理时，先让学生回顾所学的图形，然后引导他们进行分类，这样能使知识形成体系，凸显清晰的逻辑结构。



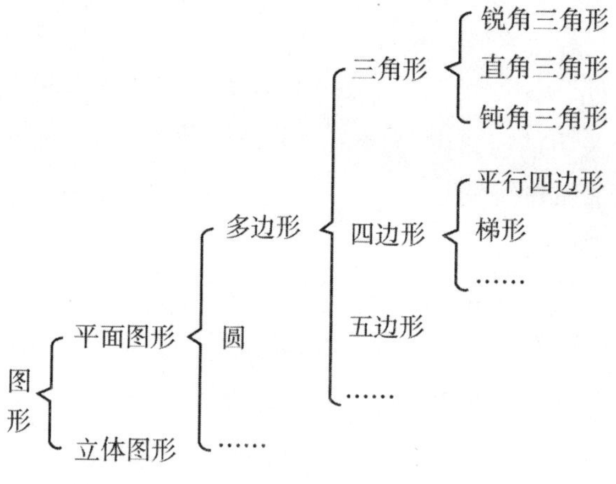


② 集合图：整体展现

画图是一种高级的表达方式，能将我们的理解直观化。图形之间的关系比较复杂，既有包含关系，也有并列关系。教师可引导学生根据图形的分类情况进行小组合作，共同画出集合图。教师巡视指导，收集有代表性的集合图，有选择地进行展示。

学生作品一：展示三角形之间的关系

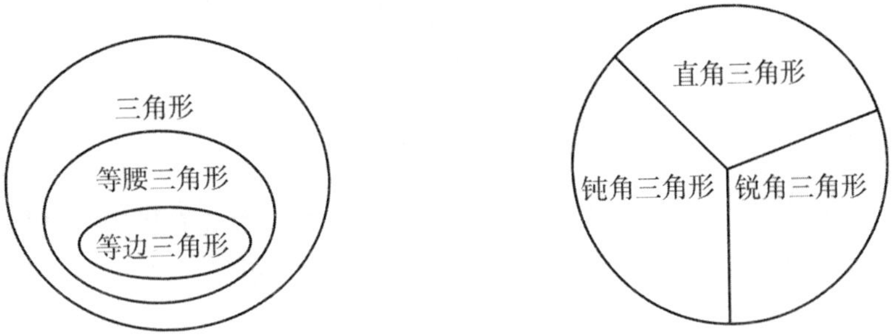


教师先让学生自己说出图意，然后重点引导学生思考：这两幅图分别是按照什么标准来分类的？这两种关系一样吗？它们分别表示了怎样的图形关系？师生共同讨论，形成共识：第一幅图是按边分类的，表示的是包含关系；第二幅图是按角分类的，表示的是并列关系。

学生作品二：展示四边形之间的关系

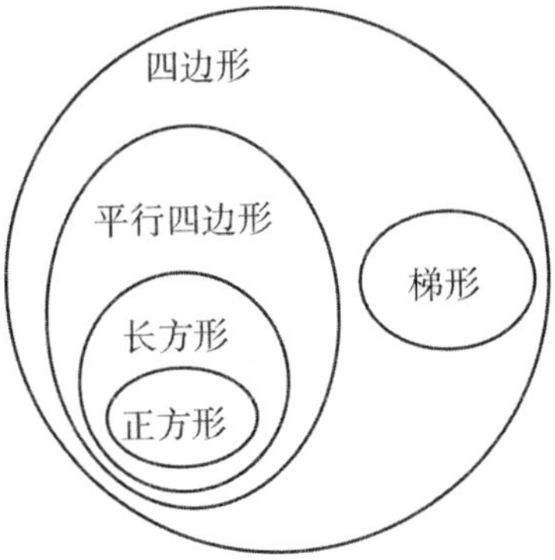


展示过程中，教师引导学生思考：为什么正方形是特殊的长方形？为什么长方形又包含在平行四边形里？教师通过几何画板的演示，帮助学生直观理解。先出示一个普通四边形，演变成梯形，接着出示平行四边形，然后，加入特殊元素（四个角都是直角），将平行四边形变为长方形，再逐渐特殊化（四条边都相等），直至变为正方形，最后得出：正方形就是最特殊的四边形。学生观察整个四边形的集合图，弄清了四边形之间的紧密关系。最后，教师需要指出：三角形和四边形都属于多边形，除了三角形、四边形，我们还初步认识过五边形、六边形等多边形。

学生作品三：展示立体图形之间的关系

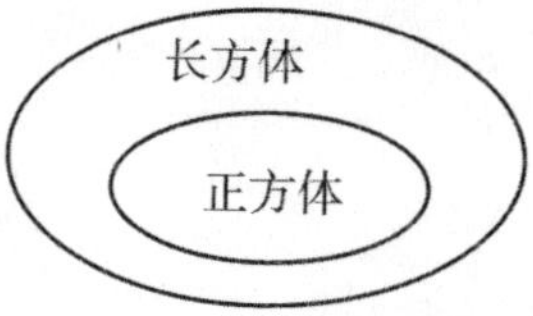


教师鼓励学生自己提问、自己解答，如“为什么正方体是特殊的长方体”等。也可以让学生辨析：圆柱和圆锥是否是包含关系？师生形成共识：圆柱和圆锥是并列关系，都包含在立体图形内。至此，黑板上出现最终的、完整的集合图。

显然，就图形知识的整体性把握而言，我们不应停留于逻辑关系，而应努力帮助学生建立起相应的认知结构。逻辑结构与认知结构的一个重要区别就在于前者表现为单向的、线性的关系，后者则表现为双向的（多向性）、网状的关系。整理图形的关系时，从大处着手，先建构大的框架，使部分和整体之间的关系形成一种网状结构，这对建构清晰的认知结构至关重要。



（3）沟通联想，突出“关系”转换

平面图形和立体图形是并列关系，但它们之间的联系非常紧密。教师教学时进行适当的变化和联想，就能打通这其中的关系，实现图形的二维和三维的转换。

① 在立体图形表面找平面图形

教师出示如下表格，让学生思考：这些立体图形跟哪些平面图形有关系？并画出相应的示意图。

| 立体图形 | 这些立体图形跟哪些平面图形有关系呢？（画出示意图） |
| --- | --- |
| 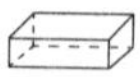 | |
| 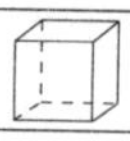 | |
|  | |
|  | |

通过交流展示，学生达成共识：长方体跟长方形有关系，是由六个长方形围成的；正方体跟正方形有关系，是由六个正方形围成的；圆柱跟圆有关系，也跟长方形（侧面展开图）有关系；圆锥跟圆和扇形有关系。其实，很多平面图形都能从立体图形上找到，因此可以说“面在体上”；而立体图形都是由面围成的，因此也可以说“面围成体”。

② 由平面图形联想到立体图形

教师出示一些平面图形，让学生说说，看到某个平面图形会联想到哪些立体图形。

在相互启发下，学生达成共识：看到圆会联想到球或圆柱，看到三角形会联想到圆锥或三棱锥，看到六边形会联想到六棱柱，等等。教师还可顺势进行课件演示，如将长方形旋转成圆柱，接着将圆柱变形为圆台，再将圆台截成梯形，随后将梯形变化为三角形，最后将三角形旋转成圆锥。事实上，平面图形和立体图形虽是并列关系，互不干涉，但换个角度思考，又能找出很多联系。这正体现了数学之神奇——对立之中又往往体现着统一。

本课研究主要基于图形的特征和属性，其实图形之间的关系还有很多，如从运动与变化、周长、面积和体积等多个角度，都可以研究图形之间的关系。高度结构化的知识不仅不易被遗忘，而且即便已被遗忘，也有着多重途径能被找回。将知识高度结构化的时候，新的知识就能被顺利连接，并被融入已有的知识网络中。当师生具备关系思维时，他们学习数学就能经历一个系统建构的过程，实践应用时，也能做到触类旁通、举一反三。这样的教学研究活动，使我们深刻认识到：关系思维作为学生数学素养的核心，一直未得到应有的重视，我们虽然迈出了可喜的一步，但今后的路还很漫长。

3. 整体突围：促进基于关系的思维发展

培根说过：“数学使人严密。”其实，被誉为“思维体操”的数学，不单使人严密，同样也使人深刻，使人聪慧。数学的学习，最终目的在于促进个体的思维发展。教学中，师生形成互助合作的关系，共同关注事物之间的关系，学会系统思考，形成关系思维，进行整体突围，才有可能促进学生的思维发展。

（1）系统思考，具备发现关系的视界

有哲人说，如果用逻辑的眼光看世界，世界就是逻辑的。同理，如果用关系的眼光看世界，世界就是关系的。我们要善于进行系统思维，以拥有发现事物关系的眼睛。在数学学习中，具备了关系思维，学习才能达到举一反三、融会贯通的境地。

① 保持对关系的敏感，培养思维的敏捷性

思维的敏捷性是指思维过程的速度。数学知识的关系看似纷繁复杂，但归根结底只是数的关系和形的关系，而且这两种关系无处不在。在一年级学习认数时，数的大小就是一种数序的关系。在“比一比”这一内容中，事物还有长短、高矮等关系，但这本质上仍是数量的关系。图形之间的关系更是随处可见，如正方形是特殊的长方形，而长方形又是特殊的平行四边形，平行四边形又是特殊的四边形。只要我们保持对关系的敏感，便能随处发现各种显性的关系，这对培养学生思维的敏捷性大有裨益。

② 把握找关系的角度，展示思维的广阔性



思维的广阔性是指思路宽广，善于多方探求，对于一个问题能通过类比，获得多种解法。在数学学习过程中，宏观的知识建构可从大处着眼，理顺知识线索，使知识网络化、系统化。就微观建构而言，学习某一知识时，要学会“瞻前”，回顾审视相关联的内容，将新知识的学习建立在已有经验之上；还要学会“顾后”，为后续相关知识的学习打好基础、埋下伏笔。任何学习都不是孤立的，要掌握找关系的角度，学会横向和纵向比较，由此及彼，沟通知识之间的联系，从而形成知识板块。

（2）异中求同，形成建构关系的意向

图形知识这一系统可分成许多子系统，把各子系统横向比较，我们会发现它们之间有某些对应关系，其组织结构可能相同，其研究过程也可能相同，这些都可看作“同构”。具备求同思维，能促使我们探寻到图形之间的某种对应关系。

① 挖掘研究方式之相同点，彰显思维的逻辑性

逻辑性反映出思维的抽象特性，表明思维过程有一定的形式、方法，并按着一定的规律进行。如图形的研究方式或逻辑线路有着相同之处，对此，教师要了然于胸。三角形与各种多边形的研究方式同构，一般都是先

定义概念，再研究图形性质，如组成它的点、线、面数量与性质，内部存在的角的大小，以及周长、面积、体积等，再研究与其他图形的关系（相等、相交、平行、垂直等）。又如，在推导一些图形的面积或体积计算公式时，常会用到转化策略，这一策略体现了重要的数学思想。在学习图形的相关计算时，如能做到融会贯通，学生的结构化能力便能得到长足发展。

对各知识子系统同构关系的发现与把握非常有价值，能促使我们找到表面异质的各子系统的同质性，获得举一反三之效，促进学生的理解并能帮助学生简化记忆。其实，仔细分析就会发现，这些相同的“构”就是数学基本思想方法。挖掘研究方式之同，就彰显了思维的逻辑性。

② 把握解题策略之相同点，凸显思维的深刻性

思维的深刻性集中表现在善于深入思考问题，抓住事物的规律和本质。利用公式解决不同图形的问题时，有时也会存在相同之处，把握这些关系，能促使学生更好地建构解决问题的模型。

例如，复习长方体、正方体及圆柱的体积计算公式时，先复习统一的体积计算公式，建立直柱体的概念。接着，教师指出：“长方体、正方体和圆柱都可称为柱体，计算它们的体积可以采用统一公式：$V=SH$。如果我们遇到这样一些图形（课件出示不规则图形），你们能猜想出它们的体积计算方法吗?”随后在其中一个图形上出示相应的数据，让学生选择拼合方法计算体积并用“$V=SH$”进行比较、验证。通过引导，学生发现：凡是像圆柱体、长方体这样上下粗细均匀的物体的体积都可以用这个公式来计算。这样做，就促使学生将原有的知识纳入一个新的知识结构中，充实了头脑中有关立体图形的知识体系，凸显了思维的深刻性。

（3）整体规划，习得建构关系的技巧

知识间的关系固然客观存在，但如果不加留意，这些关系就形同虚设。学生需要有整体思维，学会从多层次、多角度出发，进行大胆联想，建构数学知识体系，从而习得创造关系的能力。

① 打通知识联系，体现思维的灵活性

思维的灵活性是指能从不同角度、方向、方面，运用多种方法来解决问题；从分析到综合，从综合到分析，迁移能力强，运用规律的自觉性

高。要想打通知识之间的联系，创造更适切的关系，就要学会大胆联想。例如，进行适当的变化和联想，就能打通平面图形和立体图形之间的关系，实现图形的二维和三维的转换。沟通联想，既能建构知识之间多样的关系，更能体现学生的思维灵活性。

② 建构知识网络，展现思维的概括性

知识形成网络结构后，便会坚不可摧。绘制思维导图是建构知识网络的常用方法。绘制思维导图不仅需要思路清晰，主题突出，主次分明，还要学会合理利用空间，做到合理安排内容。学生在绘制思维导图的过程中，可能会出现某种不足，却也常能展现他们的思维闪光点和创新精神。在建构知识网络的过程中，学生学会的不仅仅是对数学知识的宏观架构，更是对数学的体验、感悟和探究，以及追求真理的意志和精神。思维的概括性越高，知识的系统性就越强，迁移就越灵活，学生的思维力、创造力就会得到更好的发展。

总而言之，教育不是学会知识，而是习得思维方式。有效的数学课堂教学，是集整体感和系统思维于一体的教学，是帮助学生理解和掌握数学知识系统、不断完善认知结构的教学。在教学中突出“关系”，实质上是要帮助学生建立关系思维，即在看待事物、解决问题的过程中能有一种纵横联合、多元交错的立体思维，这种思维会让学生视野开阔、思路开放、创意迸发，而这正是数学学科素养的精髓。



## 建模，让计算教学丰盈起来

近日，我有幸聆听了苏州市教研员刘晓萍老师执教的“两位数乘两位数”一课，其以生为本的课堂氛围，传递着最新的课程改革气息。刘老师的教学立足于学生的数学现实，将教学发生在学生最需要的地方；刘老师从学生熟悉的事例和已有的经验出发，引导其经历将实际问题抽象成数学模型的过程。通过数形结合，学生理解了算理，掌握了算法，并顺利建构了两位数乘法的计算模式。

1. 借助生活事例，凸显算式模型

数学是源于生活、寓于生活并应用于生活的一门学科，每个数学模型都有着现实的生活原型。数的运算，其实质是对现实生活中的物体数量进行运算，小学阶段的每个算式都可以在生活中找到实例。理解算理时，除了要与实际情境相结合，还应逐步将之过渡为数学语言符号。计算教学中，巧妙借助生活事例，赋予算式以丰富的内涵，再进行抽象提炼，便能顺利凸显算式模型。

（1）用数学语言讲现实故事

史宁中教授说："模型就是用数学的语言讲述现实世界的故事。"的确，看似简单的算式，背后却藏着很多的故事。从宽泛意义上说，任何一个算式都可看成一个模型。在"两位数乘两位数"一课伊始，简单复习口算后，刘老师就引导学生思考："19×13能解决哪些生活问题？"学生分别举出了如下事例：一支钢笔19元，13支钢笔多少元？一筐水果19元，13筐水果多少元？一条裤子19元，13条裤子多少元？……这时，刘老师追问："这样的例子能讲完吗？如果19表示每行摆19朵花，那么乘13表示什么？"学生说："乘13表示有这样的13行。"刘老师顺势用课件出示图片，接着问："如果19表示每行摆19根小棒，那么乘13表示什么？"学生说："乘13表示有这样的13行。"至此，"19×13"这一算式模型背后的丰富意义展现无遗。



（2）赋数学算式以一般意义

学生举例后，刘老师出示花和小棒的图片，再次追问："这样的例子能讲完吗？"学生表示讲不完。接着，刘老师指出："如果每个东西都用一个点子来表示，请大家想象一下19×13表示的点子图。"同时，课件逐渐将花和小棒抽象成点子形成点子图，使学生意识到：已知一份是19，求13份是多少，都能用"19×13"计算。由具体、形象的实例开始，借直观图予以内化和强化，最后通过思维发散和联想加以扩展和推广，赋予"19×13"以一般的模型意义。刘老师渗透了初步的数学建模思想，训练了学生抽象、概括、举一反三的学习能力。



2. 依托直观图式，建构算理模块

算理是四则运算的理论依据，它是由数学概念、性质、定律等内容构成的数学基础理论知识。算理是计算的道理，体现着计算过程中的思维方式，用于解决"为什么这样算"的问题。算理为算法提供了理论指导，算法使算理具体化。在计算教学过程中，教师应更多关注学生对算理的理解，引导学生在直观形象中理解算理，使其不仅知道计算方法，而且明白驾驭算法的原理。

（1）看图估计，确定积之范围

掌握了“19×13”这一算式的内涵之后，刘老师提问：“19×13 的积可能是几位数?”学生说，可能是三位数。之后，刘老师并不急着让学生计算精确结果，而是让学生先估算。一生说：“可以这样估算：20×13＝260。”教师顺势引导学生观察点子图，得出：这样估算比原来大。另一生说：“还可以这样估算：19×10＝190。”学生再结合点子图进行比较，发现：这样估算比原来小。通过点子图，学生直观地比较了估算值与精确值的大小，清楚地分析了积的可能范围。这样的看图估计，发展了学生的估算意识，培养了他们良好的数感。

（2）借图说理，形成算理模块

估算之后，刘老师提问：“这道题能不能先算一部分，再算一部分?”接着刘老师引导学生在练习纸的点子图上圈一圈、算一算。汇报时，有学生这样算：19≈20，20×13＝260，260－13＝247；还有学生这样算：19×10＝190，19×3＝57，190＋57＝247。学生叙述计算过程时，刘老师将数形结合，紧密联系点子图，帮助学生理解算理，顺利建构两位数乘法的算理模块，即先算其中一部分，再算另一部分，然后将两部分相加或相减。借助点子图进行形式化演算，使两位数的算理更直观易懂。在此，点子图成为说明算理的好载体，直观的演算促使学生顺利建构了算理模块。

3. 进行方法比较，强化算法模式

算法是实施四则运算的基本程序和方法，通常是算理指导下的一些人为规定。计算教学既需要让学生在直观中理解算理，也需要让学生掌握抽象的法则，更需要让学生充分体验由直观算理到抽象算法的过渡和演变过程，从而使学生达到对算理的深层理解和对算法的切实把握。

（1）算法求同，形成程式

直观理解算理后，刘老师引导学生比较口算和笔算的相同点，学生发现，口算和笔算虽然写法不同，但思路是一致的。刘老师分析笔算算法时，能联系口算来帮助学生理解。讲个位、十位分别乘两位数的时候，刘老师用小黑板遮住另一个数，即讲个位的时候遮十位上的数，讲十位的时候遮个位上的数，这样的处理，能使学生更清楚地看到竖式计算的过程，并在竖式上进行形式化的演算，帮助学生完成笔算方法的程式化建构。通过口算和笔算的比较，学生理解了两位数乘法的计算方法。

（2）前后贯通，提炼方法

教授新知识后，刘老师引导学生试算“14×21”，并让学生尝试概括笔算方法。接着，刘老师并未罢手，而是充分利用课始两道口算题“34×3”“34×20”，引领学生将这组算式组合成两位数乘两位数的乘法算式“34×23”，使学生通过计算再次领悟算法。在直观算理与抽象算法之间架设一座桥梁，让学生在充分体验中逐步完成“动作思维—形象思维—抽象思维”的发展过程。形成初始竖式后，刘老师并未过早抽象出一般算法，而是让学生运用这种初始模式再计算几道题，才提炼出两位数乘两位数的笔算方法。这种前后贯通的压缩、提取过程，有利于学生建构合理的算法模式。

数学模型是数学知识的核心内容，体现了数学应用的核心价值。从本质上说，数学就是在不断抽象、概括、模式化的过程中发展和丰富起来的。数学学习只有深入到“模型”“建模”的意义上，才是一种真正的数学学习。在计算教学中，活用数学模型，将其渗透到实际教学环节中去，可以帮助学生更好地理解算理模块和算法模式，顺利建构有关两位数乘法的计算模型，推动学生数学思维素养的稳步提升。在探索数学模型的过程中，学生也获得了解决实际问题的思想、程序与方法，这对学生的发展来说，意义远大于仅仅获得某些数学知识。可以这么说，建模，让计算教学变得丰盈起来。

## 比定义更重要的是什么

“先学后教”的教学方式能培养学生的自主学习能力，这毋庸置疑。在这类课上教师究竟该讲什么？如学习方程时，学生自学概念后似乎懂了，但这个“懂”意味着真正理解吗？这个“懂”就不值得教师关注了吗？前段时间，我有幸聆听了特级教师蔡宏圣执教的“认识方程”一课，蔡老师指出：“方程的定义不等于方程。”那么，对方程而言，定义是最重要的吗？比定义更重要的是什么？是对数学的感觉？还是对数学的理解和感悟？教师不能仅仅满足于让学生根据方程的定义去辨别方程，而应引导学生从更深层次上认识方程。

1. 寻找感觉：用数学的眼光去观察

有时，知道某一概念，却未必真对其有感觉。而一旦对所学概念有了感觉，认知水平就会达到较高层次。蔡老师认为，对于“先学后教”的课，教师需要有这样的警惕：学生貌似懂了，但可能只是浅层次的懂，未必真正理解了概念。整节课，他始终鼓励学生用数学眼光去观察、去审视，寻找对方程的独特感觉。

片段一：

师：什么是方程？

生：含有未知数的等式是方程。

师：怎样的等式是方程，你能举个例子吗？

生：$x+50=200$，$2x=200$。

师：判断是否是方程，要抓住什么？

生：要看是不是有未知数，是不是等式。

师：一年级我们学过这样的算式：（　　）$\times 3=12$，这是方程吗？理由是什么？

生：是的，理由是它有未知数，而且是等式。

师：怪不得你们都懂了，原来你们一年级就接触到了！$y\times 4=8$ 是方程吗？

生：是方程。

师：再看，$x\times 3>50$ 是方程吗？

生：不是方程，因为它不是等式。

对于方程，学生会有怎样的感觉？显然，他们对数学的感觉主要基于经验。关于方程，学生有朦胧的感觉，教学的目的就在于激发和提升学生的这种感觉和体验。蔡老师的处理可谓与众不同，授课伊始，他就单刀直入，让学生试着说出方程的概念。学生正确表述后，再让学生举出方程的例子，说出判断方程的依据。然后呈现一年级填括号的例子，以及一些含有未知数的式子，让学生用数学的眼光去观察和判断。例子，丰富了学生对方程的体验。

2. 简化形式：用数学的语言去记录

抽象、去情境是数学的本质特征。从某种意义上说，学习数学就是一个不断追求简洁的过程。方程不是凭空出现的，而是一些生活情境的数学化表达。方程是用数学的方式，即用数、符号等，来记录事情。用数学语言去记录生活中表示相等关系的事例，便凸显出了方程的本质。

片段二：

出示天平图：左边是一个橙子和一个50克的砝码，右边是150克的砝码，天平平衡。

师：你们能说出这幅天平图的意思吗？

生：$x+50=150$。

师：看起来是一个橙子加上50克等于150克，你们把它简化了，变成了什么？

生：$x+50=150$。

教师故意用文字写出题意：一个橙子加上50克等于150克。

师：老师写了那么多文字，跟你们写的式子相比，有什么区别？

生：我们把橙子设为$x$。

生：我们用上了等于号，就是符号。

师：还用上了什么？

生：还用了数。

师：你们将题意用数学语言写下来，就成了方程。方程是怎么来的？

生：是把我们的语言描述表达成了数学算式。

生：把一些未知数转化成了字母。

师：看周围的世界有多种不同的角度。我们可以用数学的眼光去看，用数学的语言记录生活。

用语言描述能把问题阐述清楚，但在逻辑上容易混淆，而用数学符号来阐述就显得清楚易懂。史宁中教授指出，教学方程时，可先让学生用自然语言阐述事情，然后抽象成数学表达，最后用数学符号建立方程，并解决问题。事实上，强调用数学符号把要说的话（即两件等价的事情）表达出来，这是方程的根本，是学生必须真正掌握的东西。蔡老师对此深有体会，出示情境后，通过文字描述和符号描述的对比，使学生感受到数学符号表达的简洁性。对学生而言，方程并不陌生，从一年级的填括号开始，方程就一直在那里。只不过，随着抽象思维的发展，对方程表述的形式化程度越高，表达方式也越有数学味。

3. 凸显本质：用数学的思维去感悟

学习方程的意义有两个方面：一是学习从错综复杂的事情中将最本质的东西抽象出来，这个过程是非常难的，也很有训练的价值；二是在运算中选择最佳的途径，将复杂的问题简单化，这种优化思想对于人的思维习惯的影响是深远的。

片段三：

教师出示四道情境问题。

第 1 题：天平左边有三个橘子，右边有 800 克砝码，天平向右倾斜。

第 2 题：天平左边有 250 克砝码，右边有一个橘子和一个苹果，天平平衡。

第 3 题：五个小杯和一个 300 毫升的大杯合起来的容量一共是 800 毫升。

第 4 题：一辆公共汽车上，原有乘客 50 名，中途又有 12 名乘客上车，现在车上共 62 名乘客。

师：你能看到方程吗?

生：第 1 题不是方程，因为它是 $3x<180$，不是等式。

生：第 2 题是方程，$x+y=250$。

师：第 3 题没天平，能写成方程吗?

生：方程是 $800-300=5x$，要找出等量关系，才能写出方程。

师：是的，就像第 1 题，没有等量关系，就没有等式。要找等量关系，就是找谁和谁是相等的。

师：第 3 题还可以写成怎样的方程?

生：$800-5x=300$。

师：含有未知数，就是未知数与数一起形成等式，才是我们要的方程。我们应该写怎样的方程？

生：应该把已知数和未知数写在一起。

生：不要写成以前算式的样子。

师：第 4 题是方程吗？为什么？

生：不是方程，因为没有未知数。

师：对，虽然有相等关系，但没有未知数，所以不能写出方程。

出示方程史话：早在三千多年前，古埃及人就会用方程解决数学问题了。在我国古代，大约两千多年前成书的《九章算术》就记载了用一次方程解决实际问题的史料。一直到三百多年前，法国的数学家笛卡尔第一次倡议用 $x$、$y$、$z$ 等字母代表未知数，才形成了现在的方程。

方程阐述了一个事实本身，一个没有经过任何加工的事实本身，方程说明两件事情是等价的，这正体现了建模思想。认识方程，应引导学生关注数量关系，体会方程的高度概括性和抽象性。如“$4x=400$”这个方程可以记录的事件很多，这些不同的事件都可以用这个方程来表示，因为不论是哪种事件，它们本质的数量关系都是相同的。教师为学生打开了代数这一新视野，在代数世界里，未知数获得了与已知数一样的地位，可以平等地参与运算。这是方程的基本特质，也是方程的价值所在。

总而言之，比定义更重要的是对数学的理解和感悟，是数学思维的应用和强化。学会抽象和概括，摒弃与数学无关的外在属性，只关注数学的本质属性，增强做事情的条理性，这种数学思维的训练，这一数学素养的形成，对于学生成为一个合格公民、适应日常生活以及进一步学习数学，都是至关重要的。

## 课堂上那一条无形的“线”

近日，我有幸聆听了周卫东老师执教的“认识整万数”一课。认识整万数，其实质是对数位结构的整体把握。从万以内的数到整万数，这是认数的一次飞跃，也是数级的一次拓展。不管是认数、读数，还是写数，都与数位结构息息相关。课前，周老师设计了四个问题，引领学生开展小研究，课堂上的大多数时间，师生都在交流展示，看似随意，但形散而神不散，适时的点拨透露着深意。周老师抓住了一条无形的“线”——数位结构，以数位结构的拓展、对应、分隔贯穿始终，使课堂教学达到了一定的深度。

1. 拨数矛盾：实现数位结构的拓展

第 1 题：用画算珠的方法，在下面的计数器上表示相应的数。

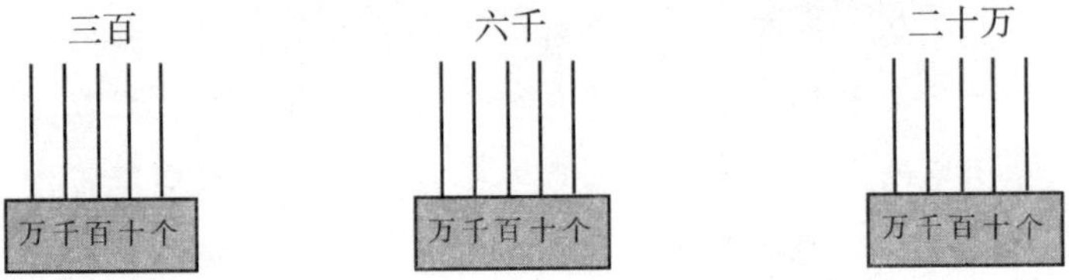


周老师先示一名学生的拨珠方法，对于拨“二十万”，学生发现数位不够，就在旁边又画了一条竖线，并在上面拨了两颗珠子。教师请其他学生补充，有学生说新添的数位是十万位。

接着，周老师特意请冯博同学上台展示，他原本是在万位上拨了 20 颗珠子，但上来展示时已擦掉。周老师及时抓住了这个例子，即使已擦去，仍让学生观察 20 颗珠子的印痕。学生认识到：万位上拨 20 颗珠子，也能表示二十万。

周老师提问：“万位上的 20 颗珠子，相当于十万位上的 2 颗珠子，它们之间有什么关系？”一学生说：“满十进 1。”因而得出：万位和十万位之间的进率是 10。周老师说：“这两个计数单位只是冰山一角，能向左边看看，再向右边看看吗？”根据学生的回答，周老师板书了个级和万级的计数单位，并标出了相邻两个单位之间的进率。

第 1 题的设计，体现了周老师的独具匠心。前两个数是复习旧知，第三个数意在激起一种矛盾，让学生感受数位拓展之必须。在最高位是万位的计数器上，要拨二十万，大多学生都想到添加一个十万位。但周老师并不满足于此，他独具慧眼地发现了冯博同学的画法，即在万位上拨 20 颗珠子，在辨析中使学生认识到：万位上的 20 颗珠子，相当于十万位上的 2 颗珠子，万位和十万位之间的进率是 10。随着数的位数逐渐增多，新的数位将不断出现，周老师顺势引导学生从个级数位拓展到万级数位，学生原有的数位结构便得到了拓展和更新。

2. 写数对比：凸显数位结构的对应

第 2 题：怎么写整万数呢？结合下面的例子介绍自己的方法。

比如，南京市目前常住人口大约是八百万人，这个数写作________。

比如，________________________________，这个数写作________。

我的方法：________________________________________________。

一个学生举的例子：武汉大约有人口一千三百万，这个数写作 13000000。他的方法是先写 1300，再写 4 个 0。

另一学生上台展示：一套豪华别墅一千万，这个数写作 10000000。他的方法是先写后面的 4 个 0，再写前面的数。

周老师肯定了两名学生的做法，鼓励学生上黑板贴出数位，并写出八百万和一千万。

接着，周老师报数，学生练习写数，依次是如下各数。

八十五　　　　八十五万

八百五十　　　八百五十万

八千五百　　　八千五百万

周老师问："从左往右看，你是不是有话说？"学生答："右边的数比左边的数多 4 个 0。"周老师说："多了个'万'字，就多了 4 个 0。从上往下看，有什么特点？"学生说："右边的数都有 4 个 0。"

揭示整万数后，周老师又追问："整万数末尾都只有 4 个 0 吗？"学生持反对意见，有学生说："不是，整万数可能有 4 个 0。"师生经过争论和补充，得出：凡是整万数，末尾至少有 4 个 0。

第 2 题重在研究写数方法。学生掌握写法后，周老师组织学生进行写数对比。横向对比使学生意识到，后者只比前者多一个"万"字，写数的前一部分都是一致的，后者只要多写 4 个 0 就可以了。纵向对比使学生更清晰地认识到，右边是整万数，它们末尾至少有 4 个 0。这样的纵横对比，沟通了个级与万级数位的联系，虽然数级不同，相关数位的对应关系却是一致的。学生虽未能言传，但已隐约意识到，整万数前一部分的书写，跟万以内数的写法是一致的，只需在后面添 4 个 0 即可。这凸显了数位结构之间的对应关系，对学生认数、写数都至关重要。

3. 读数求简：突出数位结构的分隔

第 3 题：怎么读整万数呢？结合下面的例子介绍自己的方法。

比如，一辆奔驰汽车的价格是1240000元，这个数读作____________。

比如，________________________，这个数读作____________。

我的方法________________________________________。

一个学生上台读出了奔驰汽车的价钱，举出自己的例子，并介绍了自己读的方法：先读前面的数，再读“万”。

周老师提问：“怎样读数更简便呢?”接着特意请另一个学生上来交流，他说：“只要在千和万之间画一条竖线!”

周老师追问：“这样画竖线好吗？竖线是不是随便画的？几个0才能换一个万?”师生交流后得出：在千位和万位之间画一条竖线，这便是个级和万级的分级线。

第3题主要解决读数问题。对学生而言，读数的难度要比写数更大，因为读数首先要将整万数进行分级。周老师并未直接介绍数位的分级，而是让学生在读数中感受分级的必要性。在师生的交流补充中，学生形成共识：要在千位和万位之间画分级线。事实上，分级线看似微不足道，但对于建构正确的数位结构起着非常关键的作用。数位的分级是一种分隔，更是一种统整，分级线虽将个级和万级予以区分，但其潜在的对应关系愈加分明，因此，分级既有分的思想，更有合的韵味，体现了高度的辩证统一。



4. 玩数活动：内化数位结构的特质

第4题：在认识“整万数”这部分内容中，有的题目特别好，请你来给大家推荐一道。(可以从课本或资料中找，也可以自己编)

解决了两个学生设计的题目后，周老师请几个学生参与摆数游戏，用数字卡片9，5，3，0，0，0摆一个整万数，出示：953000。师问：“你们有什么想说的?”学生说：“少了1个0。”

周老师又给出2个0，学生出示：95300000。周老师追问：“只能这么摆吗?”学生又将数改为：59300000，39500000。周老师提示：“后面的5个数能动吗?”于是，学生摆成：39050000。周老师故意问：“动来动去，有的地方一直没动，哪些数不能动?”学生发现最后4个0没有动。

周老师鼓励学生摆出一个最大的整万数和一个最小的整万数。学生都很容易摆了出来，接着周老师说：“允许有些数字卡片‘下岗’，摆出最小的整万数。”学生颇费了些周折，先是摆出 3050000，最后终于大胆摆出 30000。

小研究第 4 题，旨在鼓励学生与教师一起设计或收集题目。解决了两个学生的题目之后，周老师跟学生做起了摆数游戏。一开始，周老师故意给学生六张数字卡片（其中仅有 3 个 0），学生马上发现少了 1 个 0，此处再次强化：整万数的末尾至少要有 4 个 0。接下来，周老师又给了学生 2 个 0，学生贴出一个最大的整万数后，周老师鼓励学生改变数，然后问："动来动去，有的地方一直没动，哪些数不能动？"这个问题极妙，让学生再次感受整万数的数位结构，即整万数末尾至少要有 4 个 0。接着，周老师鼓励学生让一些卡片"下岗"，最后学生摆出了"30000"，再次凸显：整万数末尾至少要有 4 个 0。周老师通过摆数游戏，将整万数数位结构的特征多次凸显，收到了意想不到的效果。

整堂课，周老师将学生推到前台，鼓励学生大胆展示自己的观点，他则积极捕捉学生的各种想法，并巧妙点拨，师生的交流对话看似随性，但课堂上那一条主线依稀可见，随着教学的深入推进，教学脉络愈来愈清晰，课堂显示出勃勃生机。



## 存在之思：将数学教学引向纵深处

作为数学教师，我们能否站在存在主义的角度审视数学知识呢？数学知识究竟是一个怎样的存在？很多人只关心如何支配数学概念、规律和法则，却很少关注隐藏在其背景中的元素。对于一个数学知识点，平时我们更多地强调它是什么，而往往忽视它为什么是这样。有关存在的思考，足以将我们的数学教学引向深处。

1. 遮蔽：谁给数学知识蒙上了轻纱

面对某一数学知识，如果有人追问：这一知识是其所是的原因何在？为什么它一定要以这种方式存在，而非其他的形式？对于这些问题，可能很多人都无法给出合理的答案。那么，我们不禁要问：是什么遮蔽了数学知识？

（1）数学观念的僵化

郑毓信教授指出："现代数学哲学中形式主义的一个核心观点，即认为应当用纯形式的观点去看待全部的数学理论，这就是说，一切数学对象都是无意义的符号或符号串，对此没有也不必要做出任何解释，在数学中我们所从事的则是按照指定的法则去对这些符号进行纯形式的组合和变形。”这显然是一种静态的、绝对主义的数学观。有些教师理所当然地接受数学结论，却从未意识到每一个数学结论的获得都与数学家不懈的努力密切相关。比如，一些教师教学“×”（乘号）和“－”（负号）时，绝不会想到这两个符号的现实意义和产生历程，自然他们也无法引导学生去经历和探索。在这种僵化观念的影响下，做数学被看成不具有任何现实意义。

（2）数学史实的缺失

美国数学教育家克莱因指出：“课本字斟句酌的叙述，不能反映数学家们艰难的探索过程……数学史可以让学生们看到数学家们的真正创造历史——如何跌跤、如何在迷雾中摸索前进，从而鼓起研究的勇气。”因此，从历史的角度来讲解数学，是使学生理解数学内容和感受数学魅力的方法之一。当前，部分数学教师缺乏关于数学史实的基本常识，还有一些教师即便意识到数学史实的价值，也具有一定的数学史实知识，但往往将数学史实处理成简单的数学加历史。有的教师将数学史实处理成课堂上的点缀，作为一种花絮出现在各种带有表演性质的公开课或竞赛课上；有的教师理解的数学史实就是简单地给学生讲一讲数学家的各种奇闻逸事，而这种故事基本与课堂授课内容无关。数学史实成了一种佐料，被简单地添加进课堂之中。

正是由于数学观念的僵化和数学史实的缺失，教师看不到数学知识的背景元素，以致无法将冰冷的结论变成火热的思考。数学课有时沦落为一门空洞的解题训练课，学生学习数学只是为了应付考试，训练解题技巧只是为了在考试中获取一个不错的成绩，学生对数学缺乏必要的学习兴趣。显然，这是每个数学教育者的悲哀。

2. 去蔽：你感受到数学知识的存在了吗

任何问题的产生都有背景，不会无缘无故蹦出一个问题。在具体的背景下，才能发现一个问题有其解决的必要性和紧迫性。脱离了背景，就没有了真正的问题，数学问题也同样如此。怎样才能撇开芜杂，真正感受到数学知识的存在呢？

（1）用发现的眼光去探寻

如果教师能用发现的眼光去探寻数学知识的本源，教学就能顺应生活事理的逻辑走向，学生的学习也能像呼吸一样自然和朴素。

案例1：“长方体和正方体的认识”教学片段

教授“长方体和正方体的认识”的过程中，一位教师在揭示长、宽、高的概念时，并未像通常那样直接出示标有长、宽、高的长方体直观图，而是创设了这样一个情境：让学生先观察一个长方体的物品，然后闭上眼睛想象这个物体的大小，并试着用手比画出长方体物品的大小。在比画时，学生一般都会用三组数据来表示长方体的大小，在此基础上，教师追问：“为什么只要知道三组数据就能知道长方体的大小呢？长方体的棱有什么特征呢？”进而揭示长、宽、高的概念。

另一位名师的设计更为巧妙！他出示一个长方体直观图，先去掉其中的一条棱，问学生：“能想象出长方体的大小吗？”学生表示能，接着，他再去掉一条棱，再问学生同样的问题，依次这样做，到最后还剩横向、纵向、垂直方向三条棱时，追问：“如果再去掉一条棱，你能想象出长方体的大小吗？”学生表示不能。在此基础上，教师揭示长、宽、高的概念。

这样的处理，能使学生不仅知道长、宽、高的概念，还能知道为什么要这么规定长、宽、高，也就是长、宽、高的存在意义。因为长、宽、高并非凭空而来，而是为了更简洁地表示长方体大小这一需要而产生的。发现了这些概念的存在价值，学生的理解会更深刻。

数学教师应该在数学的具体源头和抽象形式之间来回穿行，关注学生生活经验的现实，寻找数学知识的逻辑源头，领悟其间的数学过程和思想方法。而学生经历了丰富的现实情境和直观探索，才能触摸到数学知识的存在根源。

（2）用敏感的心灵去感悟

数学并不是冷冰冰的图形与数据，而是自然、社会、历史背后的奥秘，是人类探索世界过程中发现的最可靠的武器、工具。而能否敏锐地感悟到数学的独特魅力，是衡量一个数学教师是否优秀的重要标准。

案例 2："运用乘法交换律和结合律进行简便计算"教学片段

我听一位教师执教"运用乘法交换律和结合律进行简便运算"的练习课。课始，教师复习了乘法交换律和结合律后，就出示算式 78×46，让学生笔算并验算。反馈时，教师问："验算应用了什么定律?"学生说："运用了乘法交换律。"教师说："以前我们也这样做，只是还不知道乘法交换律这个名称，现在知道了吧?"于是，就进入下一个环节的练习。

我认为，复习了这两个运算律后，教师如果能用一种很自豪的口气说："乘法交换律和结合律的作用可大了！到底它们有什么作用呢？今天，我们就来研究这一内容!"接着通过练习使学生感受它们的作用会更好。而且在本节课中，至少要让学生感受到乘法运算律的两个作用：验算和简算。特级教师曹培英曾说过："只有当教师自己被知识感动时，他才能让学生感动。"教师为乘法运算律的存在价值而感动了吗?

听课时，我翻看了数学书，发现练习中的第 7 题被教师忽视了。以下是第 7 题的内容。



填写下表，然后说一说：表中哪个乘数变化了，是怎么变化的？积又是怎样变化的?

| | | | | |
|---|---|---|---|---|
| $a$ | 100 | 100 | 100 | 100 |
| $b$ | 10 | 20 | 40 | 80 |
| $a\times b$ | | | | |

教师只是让学生课后把第 7 题的答案填在书上，这道题就这样被简单化处理了！事实上，编者呈现这道题蕴含着深意。这道题揭示了因数和积的变化规律，渗透着变与不变的数学思想，体现着数学的规律之美、和谐之美。教师感悟到数学的思想之美了吗?

数学书上的第 8 题：先算一算，再比一比每组中哪道算式的计算比较简便。题目如下：25×24 和 25×4×6，45×12 和 45×2×6，36×15 和 9×（4×15)。教师一把题目挂出来，学生就齐声大叫："答案是一样的！一样的!"显然，学生一眼就看出了每组算式中的关系，在这种情况下，再让他们计算就显得不合情理了。教师追问："为什么是一样的?"学生说出拆分数的过程，教师肯定了学生的想法，就将每组的第二题擦了，然后让学生用简便方法计算第一个的题目。我想，教师能否再追问一句"为什么要拆分”呢？其实，拆分的目的是使某些数相乘能凑成整十数。那么，什么时候需要拆分？什么时候不用拆分？这样的分析和思考能使学生在解决问题时变得更为理性，数学教育需要培植个体的理性精神。教师是否领略到数学的理性之美了呢？

事实上，数学之美，绝不亚于语文之美。它具有简洁之美、理性之美、严谨之美、平等之美、可检测之美……挖掘知识的魅力，并对知识的魅力抱着一种敬畏之心，这是我们每个数学教师毕生的修炼目标。

在教学时，只有去除了数学知识的遮蔽，才能还原数学问题产生的背景以及解决该问题的必要性，将问题完全敞开在学生面前，使学生感受到数学那种触手可及的实在感和美感，这样的数学教学才能摆脱机械的解题训练的魔咒。

3. 显现：如何使数学知识展现真实

数学家波利亚说过：“抽象的道理是重要的，但要用一切办法使它们看得见、摸得着。”就抽象的数学概念学习而言，必然含有具体化的过程。课堂上，怎样使数学知识得到真实的展现呢？

（1）深度追问：凸显存在的价值

课堂上，教师可针对数学的存在特质进行深度追问，启发学生对数学规律或现象的存在原因进行思考，这无疑能将学生的思维引向深入。

案例 3：一道练习题的处理

“平面图形的周长和面积”的练习课中，教材上有这样一道题：两个正方形的边长都是 6 厘米。（在其中一个正方形里画 1 个最大的圆，另一个正方形里画 4 个相等的尽量大的圆）（1）圆的半径各是多少厘米？（2）两个正方形里圆的面积各是多少？各占正方形面积的百分之几？（3）如果像这样在正方形里画 9 个相等的尽量大的圆，这 9 个圆面积的和占正方形面积的百分之几？你发现了什么？

教学时，我依次出示图形，让学生计算相关面积和圆面积占正方形面积的百分比。1 个大圆的面积：3.14×3×3＝28.26（平方厘米），正方形的面积：6×6＝36（平方厘米），所占百分比：28.26÷36＝78.5%。4 个小圆的面积：3.14×1.5×1.5×4＝28.26（平方厘米），所占百分比：28.26÷36＝78.5%。求出答案后，我并未就此罢手，而是追问：“为什么结果都是78.5%？”我抛出这个问题后，学生陷入了沉思。小G同学这样解释：假设大圆的半径是$x$厘米，它的面积就是$\pi x^2$，而小圆的半径是$\frac{1}{2}x$厘米，它的面积是$\pi(\frac{1}{2}x)^2$，即$\frac{1}{4}\pi x^2$，4个小圆的面积就是$\pi x^2$。还有学生用具体数据进行了解释。我又问：“如果里面画9个相等的尽量大的小圆，9个小圆面积的和所占的百分比又是多少呢？”学生脱口而出：“百分比还是78.5%。”他们还说出了具体算式。9个小圆的面积：3.14×1×1×9=28.26（平方厘米），所占百分比：28.26÷36=78.5%。我继续追问：“如果里面画16个小圆呢？25个小圆呢？”学生一致认为，圆面积占正方形面积的百分比还是78.5%。

最后，我又抛出了问题：“为什么圆的个数变了，所占的百分比却不变呢？”学生已能从计算角度分析了，但从图形上是否能解释呢？其实，不管是几个圆，都可以看成是相应正方形的内切圆。比如，在正方形里画同样大的4个小圆，每个小圆就是它所在的小正方形的内切圆，而所有小正方形的内切圆所占的比率都是相同的。



深度追问，巧妙地凸显了数学规律的存在价值。经历了这样的思考，学生才能真正感受到数学的神奇和美妙。

（2）亲历创造：感受存在的神奇

数学家弗赖登塔尔反复强调，学习数学的唯一正确方法是实行“再创造”，也就是由学生本人把要学的东西自己去发现或创造出来；教师的任务是引导和帮助学生去进行这种再创造的工作，而不是把现成的知识灌输给学生。他认为这是一种最自然、最有效的学习方法。

案例4：“确定位置”教学片段

在教学“确定位置”一课时，我引入“列”“行”概念，并要求学生用“第4列第3行”“第3列第4行”表示座位图上小军、小华等人的位置后问：“现在，老师报几个同学的位置，看谁记录得又快又正确。”我依次报第×列第×行，学生记着记着，纷纷表示我说得太快了，他们无法跟上。我说：“要想记录得更快些，看来我们有必要创造一种新的写法。请同学们以‘第3列第2行’为例，试试看！”

不一会儿，学生就创造了许多种不同的写法，如“3列2行”“三……

二”“32”“3竖2横”等。我问：“这些新写法都是大家的创造。这几种方法有什么共同的地方？”学生说：“这几种写法里都有3和2，都是3在前，2在后。”我肯定了学生的说法：“你真了不起，一下子就抓住了实质。事实上，这种创造跟数学上的规定已经很接近了。你们想知道数学上是怎样规定的吗？”

接着，我顺势介绍了用数对确定位置的方法，并引导学生用数对表示小军、小华的位置……

显然，如果直接告诉学生用数对表示位置最简洁也未尝不可，但如果那样，数对产生的背景及必要性就不能为学生所真切感受了。学生亲身经历快速记录的过程，体验原有方法的烦琐和不便，自然而然地就会想方设法对原有描述进行改进和优化，从而接近数对的简约、凝练的特质，催生出数对的雏形。

站在存在的立场上去关注学科和知识时，我们就不会仅仅满足于它是什么，更多的是会追问：它为什么会是这样的？它为什么会存在？它的存在对我们的生活和学习到底有怎样的影响？站在存在者的立场上，我们分析问题的视角会变得更深邃，揭示问题也会指向事物和现象的本质属性。



## 给数学课堂留点变异空间

马登等西方学者认为，对学习来说，最重要的条件是在教学中建构适当的变异空间让学生去体验，也就是说，变异空间（或称学习空间）是构成学习的必要条件。这一空间的丰富程度将决定学习者对学习对象理解的深度和广度。因此，在数学教学中，师生共同营造一个适当的变异空间，有助于学生开展探究性学习。在实践中，我们总结出了以下几点做法。

1. 变换问题情境，激活理智热情

教学是师生双方交往互动的过程。要想收到良好的教学效果，教师必须做到以学为本，因为脱离学生的教学永远都不可能获得成功。因此，教师在备课时必须从学生实际出发，因材施教，对待不同的学生应该设计不同的教学预案。根据学生的心理特征、认知规律，教师可适时变换问题情境，激活学生学习的热情。

例如，一位教师在教学三年级的“整百数乘一位数的口算”一课时，借用的是二年级学生，在钻研了学情后，他适当变换了问题情境，收到了较好的教学效果。教材原本提供的是小学生在400米跑道上开展长跑比赛的场景，让学生在解决实际问题中学习新知识。但这个场景对二年级学生来说比较单调，没有吸引力，不能推进学生的思考。因此，教师把教学场景变换为小狗和小鹿在400米的跑道上练习跑步，接着让学生根据给出的信息提出相应的数学问题。这样，学生的思维一下子就活跃起来，提出了很多有价值的问题，如“小鹿一共跑了多少米?”“小狗一共跑了多少米?”“小狗和小鹿一共跑了多少米?”“小狗再跑多少米就和小鹿跑的一样多?”……因为这些都是学生自己提出的问题，所以在解决时，学生的积极性很高，思维也特别活跃，教学达到了预期的效果。

2. 更新呈现方式，促进知识内化

比较和变式原理表明，从概念的具体形式到抽象形式的过渡，需要比较和变式。采用比较和变式，有助于揭示概念的本质属性、界定概念的外延，帮助学生理解概念的本质，促进知识的内化。



例如，为了帮助学生形成正确的表象，在几何教学中我们应加强变式、变位的训练，即应当在各种变化了的位置、变化了的形式下让学生去辨别各种图形或形体。

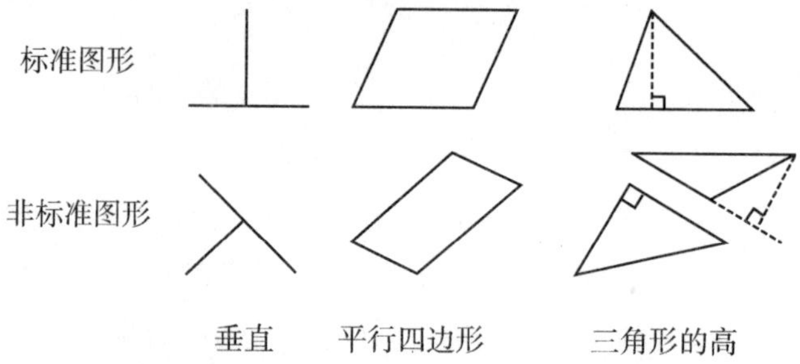


以上一组图形的变式，能帮助学生纠正一些不正确的概念表象，如“垂直的两条直线一定处于水平和竖直状态”“平行四边形的一组平行线一定是水平的”“三角形的高必定与它的底边相交”。教师通过对几何图形的形状、位置、大小等各种非本质属性的变化，使学生能透过外部表象认清几何图形的本质特征。

3. 改组练习素材，提升思维素养

题组设计应由易到难，循序渐进，形成一定的层次，使学生能通过分析，概括出各题中共同的、本质的东西，以达到由一题向另一题的迁移、对一般原理进一步认识的目的。

例如，在“公倍数和最小公倍数”的巩固练习环节中，可设计以下这样的题组练习。

第 1 题：暑假期间，小华、小明参加乒乓球训练，小华每 3 天去一次，小明每 5 天去一次，3 月 1 日两人都参加了训练，几月几号他们又再次一起参加训练？

第 2 题：暑假期间，小华、小明参加乒乓球训练，小华每隔 3 天去一次，小明每隔 5 天去一次，3 月 1 日两人都参加了训练，几月几号他们又再次一起参加训练？

第 3 题：暑假期间，小华、小明参加乒乓球训练，小华每训练 3 天后就休息 1 天，小明每训练 5 天后就休息 1 天，3 月 1 日两人同时休息，下一次他们同时休息在几月几日？

在教学以上题组时，教师要引导学生进行对比、辨析，使学生明确：“每 3 天去一次”和“每隔 3 天去一次”是不同的，但它们之间又有联系，“每隔 3 天去一次”即“每 4 天去一次”。而第 3 题中，“每训练 3 天后就休息 1 天”，也就是“每 4 天休息 1 天”。通过对变式问题的探索与尝试，学生思维的深刻性、灵活性、广阔性和敏捷性等品质都能得到进一步优化。

我们认为，在课堂上留点变异空间，其实质是加强变式教学。变式既是一个概念，更是一种思想，是一种在认识事物、分析问题时带有创造性思维的求异、思变的思想。在保持事物本质属性不变的前提下，教师要不断揭示事物外部形式的各种变化，引导学生在同中求异、在异中求同（这个“同”就是事物的本质属性），使学生透过事物纷繁复杂的表象抓住其本质特征，从而加深对数学知识的理解和认识。

## 给复习课以生长的力量

近些年，新课程改革所带来的数学课堂的变化是十分明显的，但是这种变化更多的是体现在新授课、实践活动课中。对于数学复习课，大家还较多地满足于总结概括、查漏补缺、练习巩固等浅表层面，课堂显得过于单调、沉闷。那么，怎样让复习课充满生长的力量呢？乌申斯基说过："在每一次复习时，教师都应当把某种新的环节编织到儿童头脑里已经形成的痕迹的网里去。"因此，我认为，要提高复习的实效性，就得让复习课富有新意。新而出奇，奇而生趣，复习课就会因此而多些色彩和魅力。

1. 知识结构呈现新联系

赞可夫说过："如果在教学过程中循序地、恰当地揭示出这种联系，那么概念就会形成一个严整的体系……学生在有机的联系中获得越来越多的新知识，其效果要比进行多次单调的复习好得多。"因此，在复习数学知识时，教师要努力寻找知识间的内在联系，让学生经历一个知识完善和重构的过程。

例如，在复习"立体图形的体积"时，我先让学生回忆长方体、正方体、圆柱及圆锥的体积计算公式和推导过程，再复习长方体、正方体、圆柱的体积统一计算公式：$V=SH$。我在此基础上追问："为什么求这三个立体图形的体积可以用统一的公式呢？"学生观察后发现：长方体、正方体、圆柱都是直直的，上下同样粗细。接着，我又指出："长方体、正方体和圆柱都可被称为柱体，计算它们的体积可以采用统一公式：$V=SH$。如果我们遇到这样一些图形（出示下图），你们能猜想出它们的体积计算方法吗？"随后在第三个图形上出示相应数据，让学生选择拼合方法并计算、验证。

2. 巩固强化凸显新视点

复习课上，帮助学生把知识点串联成结构网络后，一定量的巩固练习也是必不可少的。但练习不能只是对原有方法、解题思路、一般技能的简单重复，教师要在练习题的选择和处理上，努力寻找新视点，激发学生复习的兴趣，显现数学知识内在的逻辑美、思维美、关联美。

例如，复习“分数应用题”时，教材上有这样一道题：红枫服装厂生产男衬衫120件，比女衬衫多$\frac{1}{4}$。女衬衫多少件？在教学时，我先引导学生找出关键句和单位“1”，明确把女衬衫的件数看作单位“1”，男衬衫件数的对应分率为$1+\frac{1}{4}$，然后，根据单位“1”是已知还是未知确定解答的方法。这是以往要求学生掌握的解题要领，但我并没有就此罢手，而是继续引导学生思考：“如果把女衬衫的件数看作单位‘1’，那么男衬衫件数是女衬衫件数的几分之几？女衬衫件数又是男衬衫件数的几分之几？”“男女衬衫数量的比是多少？”让学生进一步认识到：男衬衫件数是女衬衫件数的$\frac{5}{4}$，女衬衫件数又是男衬衫件数的$\frac{4}{5}$；男衬衫件数和女衬衫件数的比是5∶4。这样，就促使学生学会把“一个数量比另一个数量多几分之几”变换为“一个数量是另一个数量的几分之几”或用整数里的份数思路解答，有效地沟通这两类应用题以及分数和比的联系。通过这样的分析解答，学生把握了解答这类分数应用题的关键，同时也拓展了解题思路。

复习巩固时，面对以往的习题，我们的思维不能仅仅停留在原先的认知水平上。教师要引导学生打通新旧知识之间的壁垒，使他们重新审视这些习题，努力寻找解答问题的不同途径。这样，学生才能学会举一反三、融会贯通。

3. 拓展实践形成新技能

波利亚曾说：“数学教师的首要责任是尽其一切可能来发展学生的解决问题的能力。”可见，学知识的最终目的是用知识。在复习时，教师要针对学生的年龄特点、心理特征，密切联系学生的生活实际，让学生在实践中应用数学知识，切实提高学生解决实际问题的能力。教师可通过设计矛盾冲突，激发学生进行积极思考，在实际操作或模拟演练中促使学生掌握一定的新技能。

例如，在“立体图形的体积计算”复习课的最后，我便创设了这样一个问题情境：“李明是一名六年级学生，星期天，他爸爸对他说：‘李明，你们已经学习了立体图形的体积，这里有一个铁球，你能帮我求出它的体积吗？’李明一看，心想：我学过长方体、正方体、圆柱、圆锥的体积计算，可没有学过球的体积计算，怎么求呢？李明陷入了深思。同学们，你们能帮李明算出铁球的体积吗？”学生经过思考，想出了几种不同的方法。方法一：先把长方体或正方体容器放满水，然后把铁球放到里面，测量出剩下水的体积，用原有的水的体积减去剩下的水的体积就是铁球的体积。方法二：把铁球放入长方体或正方体容器里，测量出升高部分水的体积。方法三：把铁球融化，锻造成长方体或正方体，再算体积……

在复习“立体图形的体积计算”时，让学生计算球体或不规则物体的体积，这是一个全新的视野，学生的思维和热情被激活了，他们依托已学过的知识，把未知问题转化为已知问题再解答。在这个过程中，学生的思路变得开阔了，解决问题的灵活性也增强了。

我们认为，学生的数学学习是在动态中发展的，也是在流动中生成的。“新”是动态发展和流动生成的催化剂和原动力。复习课中，通过呈现生动的情境和有思考价值的问题，适时更新学生的认知结构，使学生在掌握基本知识和基本技能的同时，解决问题的能力得到长足发展。当复习课具有生长的力量时，我们的课堂教学就会更富有生命活力。



## 二、探寻学力提升的课堂

人的成长是一面最好的镜子，它照出了教育内容和方法的取舍侧重。正是依据对人的学习特点的考察，我们把课堂教学改革寄希望于寻找核心性的学习上来。核心性的学习是什么呢？就是增强学生的学力。

著名教育家陶行知曾说：“教育就是力的表现。”这个“力”，我们不妨将它理解为学习力。简单地说，学习力就是学生的动力、毅力和思维能力。事实上，当前教育的最大问题就是“力”不够。教师挖掘教材不够深，教学设计不够用心，无法从根本上带给学生充分思考的空间，当然，这使得学生的学力也无法提升。

从严格意义上说，学力是指学习者借助一定的教育环境、资源和各种学习活动所形成的自我获取、自我建构、自我发展、自我超越的态度、知识和能力的总和。一言以概之，学力是定义在具体的课堂情境中的知识、技能、能力及情感的复合体。知识、技能、能力、情感就是学力的四种要素。

钟启泉教授曾用“冰山”来比喻学力的四种要素间的相互依存关系。其中，知识与技能可谓冰山一角，是显性的，可以借助分数评定的方式做出客观计量；而思考力、判断力、表现力（能力因素）与兴趣、动机、态度（情感因素）则是隐于水下的冰山，是隐性的、不可测量的。学力由显性学力和隐性学力两部分组成，隐性学力支撑着显性学力，显性学力则是隐性学力发展程度的体现，学力本身就是显性学力与隐性学力的统一。

学力的主体是学生，学生是能动的认识体和生命体，是学习的主人和知识的探索者。学生学力的形成倚重于师生之间及生生之间的对话与交往。师生之间的平等交流或角色互换，既能发挥教师的指导、示范作用，又能提高学生的参与度和责任心；生生之间的交往合作更易激发学生的学习动机、参与意识和主人翁精神。显然，良好的师生、生生关系对学生的发展起着至关重要的作用。另外，学力的生成也同学生内部主观过程的能动活动直接关联。

诚然，数学学习不是一个被动接受的过程，而是一个积极主动解构、建构的过程。在从“重教”到“重学”、从“重授”到“重导”的转变中，我们把以人为本作为价值取向，坚持学为主导的改革方向，探索学力提升的教学策略，构筑起了“三顺二应”的模式，旨在培养和发展学生的学力，增强学生学习的自主性和能动性，让学生形成会学习、爱学习的习惯与能力。

## 让教发端于学

教学是教和学的双边活动。从教学研究范式来看，虽然教和学各有自己的独立活动，但二者是无法分离的，教学永远是教与学的有机结合和辩证统一体。现代教学理论认为，教与学之间在本质上是教师代表主流社会的价值引导与个体学生自主建构的有机结合和辩证统一，是教师对学生群体学习活动的正确引导、科学组织和有效规范。在教学中，学生与教师是平等合作者，各自既是独立自主的主体，也是受教育与被学习的客体；他们不仅是教学过程的参加者，也是教学过程的创造者。当教发端于学，教师就能顺应学生的学习需要去教，这样，学生的参与深度和广度就能得到保证。

在教学“小数的性质”一课前，我让学生进行了备学，备学问题如下：①写出关于小数性质的三个发现；②提出关于小数性质的三个问题。课始，先让学生分四人小组交流备学情况。每组组长除了要组织大家介绍自己的发现，解决同组成员所提的问题之外，还要在讨论的基础上，提炼出一个有意义的发现和一个有价值的问题。

在全班展示时，我先让学生说出有关小数性质的发现。有学生很快就把小数的性质说了出来，我予以板书：小数末尾添上 0 或去掉 0，小数的大小不变。有学生说：“把小数末尾的 0 去掉，可以把小数化简。”还有学生说：“只有小数末尾的 0 可以去掉，中间的 0 不能去掉，小数点前面的 0 也不能去掉。”学生纷纷说出了自己的发现，显然，他们对小数性质已经有了初步的了解。



明确了小数的性质后，我鼓励学生提出关于小数性质的问题。颜宇问：“小数中间的 0 能去掉吗?”有学生立刻表示否定，并声称：“只有末尾的 0 能省略!”这本是容易混淆的知识，经由学生自己提出来，他们的印象一定会更加深刻。至此，学生对“小数末尾的 0 能省略”已达成共识。接着，杨玉如提问：“为什么小数末尾添上 0 或去掉 0，小数的大小不变?”这是一个非常有意义的问题，直抵小数性质的本质。学生沉默了，都在思考。这时，孙颖举手了，她说：“0.2 是十分之二，0.20 是百分之二十，0.200 是千分之二百，用画图法可以发现 0.2、0.20 和 0.200 的大小一样。”我指出，这种举例法是数学上常用的方法。在她回答问题的同时，我画出了图，并引导学生分析 0.2、0.20 和 0.200 的意义，比较它们的大小，最终得出：0.2＝0.20＝0.200。这样，就从直观角度证明了小数的性质。

接着，徐可欣提问：“小数末尾添上 0 或去掉 0，小数的读法还一样吗?”学生齐答：“不一样!”我顺势领着学生读了这几个小数，读法不同是显而易见的。朱嘉林继续问：“小数末尾添上 0 或去掉 0，意义还一样吗?”这个问题非常有价值，是将小数的意义和性质相整合的途径。认识到这一良好契机后，我马上引导学生进行分析对比。通过分析，学生发现，0.2 表示十分之二，也表示 2 个 0.1；0.20 表示百分之二十，也表示

20 个 0.01；0.200 表示千分之二百，也表示 200 个 0.001。由此可以看出，小数末尾添上 0 或去掉 0 后，小数的大小不变，但意义改变了。借助这个问题，学生自主将小数意义和性质相沟通，形成了有机整体，这显然是本节课教学的重中之重。

这时，杨玉如又问："小数末尾添上 0 或去掉 0，小数的计数单位变了吗？"学生的思维还真宽广呢！说实话，课前我并没有设计这样的问题。于是，我把握时机，再次引导学生看黑板上的三个小数，学生发现 0.2 的计数单位是 0.1，0.20 的计数单位是 0.01，0.200 的计数单位是 0.001。可见，小数末尾添上 0 或去掉 0 后，计数单位改变了。

在此基础上，我追问："小数的末尾添上 0 或去掉 0 的过程中，什么变了？什么没变？"学生略作讨论后，就发现：小数的末尾添上 0 或去掉 0，小数的大小不变，但它们的读法、意义、计数单位都发生了变化。于是，我感叹道："不变中蕴含着变化，这就是数学的神奇之处啊！"至此，我们对于小数的性质、意义、计数单位等都有了更深入的理解，在这个过程中，还巧妙地渗透了变与不变的数学思想。

有人一直怀疑学生的提问能力，总是抱怨自己的学生不会提问。事实上，我们都该扪心自问：教师是否给了学生自主发现和提问的时空？教师是否能理解学生的问题并将学生的问题为自己所用？如果教师缺乏尊重和倾听的姿态，学生就很难提出高质量的问题。本课教学中，有关小数性质的问题大多来自学生，这些问题是教师预设问题的必要补充，更重要的是，学生自己提出的问题，更能激发同伴的兴趣，获得同伴的认同。

总之，教学中，教师要鼓励学生思考并提出问题，然后根据学生的问题组织教学。这样的教，才算是发端于学生的学；这样的学，才是真正符合学生认知规律的。当教发端于学，这样的课堂一定是贴近学生的，当然也是生动而富有灵性的。

## 基于主体现实的适度超越

基于主体现实的数学学习，并非自然状态下的放任自流，而是根据学生的数学现实展开教学，选择恰当时机，进行拓展和提升，使教学达到高效率、好效果、优效益。在“图形的对称”一课的教学中，我顺应主体经验，展现学生的原初认识和资源准备，凭借折纸、测量、绘制等探索活动，在辨析和答疑过程中，建构了较为完整的平面图形轴对称知识体系。下面便以本课为例具体说一说。

1. 依赖经验，又不囿于经验

布鲁纳认为，教学过程首先应从直接经验入手（动作表征），然后是经验的映象性表象（表象表征），再过渡到经验的符号性表象（符号表征）。这样的历程符合学生的认知规律，能有效提高学生的学习效率。

（1）激活已有经验

学生对轴对称图形并不陌生，他们接触过对称现象和轴对称图形，并初步体验到了对称美。基于此，我精心设计如下备学问题：①怎样的图形是轴对称图形？②我们学过的图形中，哪些是轴对称图形？剪出几个图形进行操作，试着写出你的验证方法。③提出关于图形的对称的三个问题。我的设计旨在通过备学问题，激活学生有关轴对称的经验。同时，学生对轴对称图形的个性化理解及所提出的问题，能使我更好地了解学生的数学现实，据此进行教学流程的二度设计，教学就会更贴近学生的实际。



（2）获取直接经验

教师顺应学生的学习现状展开教学，能贴近学生的思维，教学资源亦来源于学生。在“图形的对称”一课的备学过程中，很多学生认为：“长方形和正方形是轴对称图形。”我顺势组织学生验证，得出：长方形和正方形一定是轴对称图形。还有学生认为：“三角形、梯形是轴对称图形。”这种观点虽不够准确，却是研究的切入点。我提问：“三角形、梯形、平行四边形等图形的轴对称情况究竟是怎样的？”在这些问题的引领下，学生小组合作，共同研究。我提供不同类型的图形，学生有重点地进行研究，具体要求如下：先判断哪几个图形是轴对称图形，再画出轴对称图形的所有对称轴。在研究中，学生进一步获取了图形轴对称情况的直接经验，完善了认知结构。

（3）形成抽象经验

为促使经验发生质变，应进行适度抽象和概括，以形成结构化的认知体系。在本课教学中，学生研究了常见图形的轴对称情况，并辨析了错误观点后，我追问：“研究了这些平面图形的轴对称情况，你又有什么发现？”学生发现：轴对称图形至少有一条对称轴。有学生指出：长方形和正方形一定是轴对称图形，而三角形、平行四边形等图形要分不同情况，有的是轴对称图形，有的不是轴对称图形。由此得出结论：三角形、平行四边形、梯形等图形不一定是轴对称图形。持续的追问，使学生获取了经验的符号性表象。

这一教学活动遵从了从已有经验到直接经验，再过渡到经验的符号性表象的获得过程，依赖经验，又不囿于经验，完善了学生的认知结构。

2. 基于直观，又超越了直观

操作从层次上可分为实物操作、表象操作、符号操作，这是一个从具体到抽象的历程。图形教学必须从具体实物开始，到抽象符号结束，才能培养学生的空间观念和想象能力。

（1）在操作中体验

通过实物操作能获得最为直接的认识。学生最初借助对折研究图形的轴对称情况，获得了直接体验。每个小组选择一种图形（纸片）重点研究，通过对折判断这些图形是否是轴对称图形，如果是轴对称图形，就沿着折痕画出对称轴。这种依托实物的操作，为学生提供了丰富的感性经验。学生清楚地认识到，对三角形、梯形等图形都要分类研究轴对称情况。

（2）在表征中感悟

把实物的图形画在纸上，就抽象出了图形的表象。此时，再用对折的方法确定对称轴，显然已不太合适，于是，我引导学生采用测量中点（或定点）的方法确定对称轴。如先找到等边三角形一条边的中点，再连接中点和对应的顶点，就能画出一条对称轴。借助图形表象的特征确定对称轴，这是更为数学化的活动，其抽象水平已提高了一个层次，对于使学生感悟轴对称图形的特征大有裨益。

（3）在想象中超越

对直观图形的学习，不能仅停留于可视图形，还要凭借想象进行拓展。画等边三角形、正方形、正五边形等图形的对称轴后，我问：“画对称轴的过程中，你发现了什么？”通过交流补充，师生形成共识：正几边形就有几条对称轴。我继续追问：“正八边形的对称轴有多少条？正十边形的对称轴有多少条？……想象一下，如果正多边形的边无限增多下去，这个图形就会越来越接近什么图形？（圆）圆的对称轴有多少条？”从而引导学生探索正多边形的特征及其对称轴条数之间的关系。探索活动由具体图形、有限边数，逐渐向无限边数变化，其中巧妙渗透了极限思想。

图形教学基于直观，但不能受限于直观。在观察、操作、想象等活动中，学生的思维从有限迈向无限，由具体走向抽象，源于直观，又超越直观，学生的空间想象能力得到了较好培养。

3. 源自问题，又提升了问题

众所周知，学习始于疑问。问题来源于教师，还是来源于学生，这是“教为主导”与“学为主导”的分水岭。备学中，学生会产生各种问题，对于这些问题，教师要了然于胸，并引导学生进行整理和分类，对不同层次的问题采用不同的处理方式。

（1）展现和理答



对于备学中提出的一些简单问题，小组讨论时，学生轻易就能解答，形成共识。比如，圆是轴对称图形吗？什么叫轴对称图形？……还有些问题通过合作研究，学生也能自主解决，课上教师可快速呈现，学生即时理答。比如，是不是所有梯形都是轴对称图形？平行四边形是轴对称图形吗？五边形是轴对称图形吗？轴对称图形有什么共同点？……备学中的浅显问题，可鼓励学生自问自答，教师需为展现和理答做好服务工作。

（2）分析和研究

学生提出的问题有时会涉及数学的本质，课堂上要聚焦研究这些核心问题。比如，如果不对折，还有其他确定对称轴的方法吗？我通过呈现正多边形，让学生借助理性思考最终发现：利用测量中点或定点的方式也能确定对称轴。之后，我出示不规则的花状图形，引导学生凭借观察和直觉，试着确定图形的对称轴——因为整个图形的外轮廓像正多边形，考虑它们的对称轴情况时，可借助正多边形对称轴的情况来思考。最终，学生意识到：观察图形特征，有时也能很快找到对称轴。这些核心问题的研究，加深了学生对知识的理解。

（3）拓展和提升

学生带着问题走进课堂，教师再基于这些问题进行深挖，能引导学生将思维向更深处拓展。比如，学生总结了平面图形的轴对称情况后，我追问："图形的对称轴条数可能跟什么有关呢?"有学生认为对称轴条数跟边数有关，还跟边的长度有关。我引导："三边形最多有几条对称轴？四边形呢？五边形呢?"进而得出：对称轴的条数跟边数，以及边的相等情况有关。相等的边越多，对称轴可能就越多；对称轴越多，图形就显得越匀称。又如，课结束时，我追问："一般的平行四边形和有方向的风车图不是轴对称图形，那么，如果变换一种运动方式，它们会不会以某种方式重合呢?"通过直观演示，将轴对称向中心对称拓展，为学生打开一扇思维之窗。

诚然，顺应主体发展，强调在顺应学生数学现实的同时，还要实现思想和方法的超越。而要实现这种超越，就需要师生共同准备学习资源，共同参与课堂建设，在相互交流、共同分享、不断补充中，自由而主动地发展。



## 也谈小组合作的"序"

任何数学学习活动都会涉及秩序的问题，小组合作学习也概莫能外。基于常识，人们总认为有序带来效率而无序造成混乱，所以偏好有序而厌恶无序。一般认为在小组合作学习中，有序性具有深远意义，能促使合作活动的正常推进。为了保证合作学习的质量，教师往往会与学生共同制订一些合作学习规则，并督促学生有序地开展合作学习活动。有序的合作学习之优势毋庸置疑，然而在小组合作学习中，有序真的没有一点局限性？无序真的就毫无意义吗？有序和无序究竟有怎样的关系？这些问题引发了我们更深层次的思考。



这里，我们首先需要明确的是小组合作学习组织方式是他组织还是自组织。在"教为主导"的课堂中，学生学习合作体是被教师控制的他组织；在"学为主导"的生态课堂中，学生学习合作体是自组织。新课程的课堂改革，追寻的是一种生态教学的模式，我们努力的方向正是变他组织为自组织。在自组织的课堂中，每一个合作小组也是自组织。那么，自组织中的有序与无序是什么关系呢？法国哲学家埃德加·莫兰说过："自组织系统的活动就是以世界环境中兼具有序性和无序性为条件的：有序性，使它可以利用世界的规律性，能够或多或少地预见事物的变化方式；无序性，使它能够在某些情况下成为不被客观必然性束缚的个性，成为为实现自身目的而利用客观规律的行动者。"

从哲学角度分析，我们会发现，有序和无序对于自组织活动都具有辩证的双义作用。世界上有序和无序的共存，使得事物和主体本身能够选择实现合乎或接近自身目的的可能性。

1. 有序的局限

在小组合作学习过程中，教师布置学习任务的同时，常会提出合作学习的要求和步骤。在一定规则的约束下，学生开始了按部就班的学习活动。这样的合作学习无疑是有序的，学习的效果也相当不错。通过合作，师生共同解决了个体无法解决的问题，合作体内的互帮互助、集思广益，使任务得到了较好的解决。仔细分析，会发现这一过程完全是他组织的典型过程。



如果合作学习小组是自组织的话，当课堂自组织活动进程中产生主导性问题需要小组讨论时，小组的每个成员都有自己的想法，他们需要一种更自由宽松的思维碰撞空间，过多的有序会束缚学生主体创造性的发挥。面对问题，学生应该是自由思想者、自由表达者，这时的有序便可能成为自由创造的阻碍。

2. 无序的价值

在小组合作学习中，无序固然会干扰学习者的学习进度，却又能给主体带来自由和机动性的因素。

例如，在"圆柱的侧面积计算"一课的开始，教师创设了如下情境："罐头盒上要贴商标纸，一个设计师在设计商标纸时，遇到了一个难题：做这个罐头盒至少要用多大的商标纸呢？（黏合部分忽略不计）你们能帮他解决这个问题吗？"于是，学生分组开始了探索行动。有学生用纸直接去包罐头盒，有学生在低头计算着，有学生在大声交流，还有学生在托腮沉思……这一过程看似无序，但宽松的学习氛围使学生想出了不同的做法，创造性地解决了圆柱的侧面积计算问题。在生态课堂中，恰当的无序能激发能量，激起学生内在的学习动机。当然，小组合作中的无序也需有个度，因为过多的无序会使主体失去在行动中可凭依的条件。

3. 有序和无序的转化

埃德加·莫兰还指出：“生命的世界比物理学的世界包含和容忍了多得多的无序性。换言之，在一个愈益复杂化的组织的内部，无序性和有序性彼此促进增长。”显然，小组学习合作体自组织是一个生命的世界。学习合作体需要有序，也需要容忍更多的无序。

例如，在教学“认识比例”（探索与实践）这一内容时，教师提出了一个难题：“怎样测量大树或旗杆这些较高物体的高度?”学生对此展开了激烈的讨论，无序在这时发挥了其优势。转入小组展示，全班讨论时，无序转为有序。小C代表小组汇报时说：“可以测影子!”其他学生表示反对。但我肯定了他的想法，并追问：“影子的长度和实际长度到底有什么关系呢?”我引导学生继续讨论。过了一会儿，小W说：“只要等到成45度角时，影子和旗杆就一样长了，测量影子的长度就能知道旗杆的长度了。”这种想法几乎跟古希腊数学家泰勒斯的观点一致，于是我顺势介绍了泰勒斯的做法。接着，我说：“泰勒斯的方法确实很好，但问题是，我们不可能一直等在那里，直到物体的影子和它的实际长度相等，那又该怎么办呢?”学生又陷入了思考中……遭遇难题时，学生的思维处于开放状态，这样有序的讨论又引出无序的思维状态。但随着教师这一控制参量不断发生作用，学生的思维活动又逐步向有序转化，并渐渐深入数学问题的本质。

复杂性科学已指出，像生命的这种自组织系统只能在有序和无序并存的复杂环境中才能产生。在学习合作体中，有序和无序始终处于一种动态平衡状态。有序和无序既是学生发挥主观能动性的必要条件，又是一种限制条件，因此它们彼此适中的结合才会构成生态课堂（自组织系统）最佳运作的环境。

## 关于备学的一丝困惑

那天，我教学的内容是有关百分数的实际问题。课始，我设计了这样的备学题：①百分数还可以叫什么？这些名称是怎么来的？②生活中，你见过哪些百分数？（举出三个例子）③提出关于百分数的三个问题。

新课的展开过程基本就是备学题的流程。先是说一说百分数的别称，学生很快提到百分比和百分率，还有学生明确指出：因为百分数也可以写成比的形式，所以又叫百分比；因为百分数和分数都能表示分率，所以又叫百分率。事实上，任何称谓都不是凭空而来的，这两个名称，对于学生理解百分数的意义起着举足轻重的作用。因此，这一问题的目的仍是强化百分数的意义。

接着，我让学生举出百分数的实际例子，学生一下子就兴奋起来，他们七嘴八舌，举出了很多有意思的例子。学生提到的百分数如下：死亡率、发芽率、近视率、出勤率、入学率、升学率、普及率、成活率、优秀率、合格率、淘汰率、覆盖率、成功率、命中率……经过互相补充，学生见识了这么多百分数。我从中挑选了几个让学生说出它们的含义，使学生在具体例子中进一步感受百分数的意义。



随后，我鼓励学生提出关于百分数的问题。小郭问道：“百分率和百分数有什么联系？”我在“百分数”旁板书了“联系”二字。小卢问：“百分数有什么用？”这显然是指向百分数的作用，我板书“作用”二字。还有学生提到了百分数的意义和计算，我顺势画出思维导图，并指出这节课就研究这些问题。

事实上，对学生而言，理解这些问题并不会存在太大困难。小郭以为百分数和百分率不同，其实，百分数的别名就是百分率，二者基本是等同的，意义也相同。至于百分数的作用，有学生提到，是为了便于比较。比如，“优秀率”多简洁，如果没有这个词，我们就得说：“某班取得优秀成绩的人数是全班人数的百分之几。”这多麻烦！对于百分数的求法，学生联系前一课的内容得出了，也是顺水推舟，未觉得有丝毫困难。

这节课采用了课上备学，备学题中也提到了将要学习的百分数，不可避免有了先学的嫌疑。那这样是不是就不恰当呢？我看未必！突然想到，备学和先学，何必分得那么清呢？其实，只要对学生学习有益，应不拘一格地采用各种教学方式。备学固然是我们的学习支撑方式，但有些内容让学生先学之后，能发现他们的疑难困惑之处，这更便于我们有针对性地开展教学，何乐而不为呢？备学如果与其他学习方法分得太清，是否会出现“水至清则无鱼”的现象呢？心中突然生出的疑问，求教于大方！

## 顺应错误，演绎精彩

近日，在“活动单导学”课堂展示活动中，我执教观摩课“运用策略灵活解决问题”。这是一堂复习课，课堂出现了预设之外的“错误”，但我“将错就错”，巧用错误资源，适时进行拓展延伸，课堂因此呈现出勃勃生机。

1. 片段回放

我出示教材“想想做做”中的一道题：用24个1平方厘米的正方形拼成长方形，有多少种不同的拼法？它们的周长各是多少？拼一拼，算出结果填在表中。

学生独立解答，并分组交流。

生1通过画图寻找答案。

① 把24个小正方形排成一排，得到的长方形的长是24厘米，宽是1厘米。

② 排成两排，得到的长方形的长是12厘米，宽是2厘米。

③ 排成三排，得到的长方形长是6厘米，宽是4厘米。

④ 排成四排，得到的长方形长是6厘米，宽是4厘米。

因此，一共有表格中这四种情况。

| 长/厘米 | 24 | 12 | 8 | 6 |
|---|---|---|---|---|
| 宽/厘米 | 1 | 2 | 3 | 4 |
| 周长/厘米 | 50 | 28 | 22 | 20 |

生2通过列乘法算式一一列举找到答案。

算式如下：1×24=24；2×12=24；3×8=24；4×6=24。这样就可以得到以下几种长方形：长24厘米，宽1厘米；长12厘米，宽2厘米；长8厘米，宽3厘米；长6厘米，宽4厘米。根据这四种情况，再分别求出它们的周长：50厘米、28厘米、22厘米、20厘米。

师：刚才，我们用不同的方法找到了答案，做到了殊途同归。大家有什么发现吗？

生：面积相等的长方形，周长不一定相等。

生：长与宽相差越多，周长越长。

学生并不满足于得到的结论，他们似乎更喜欢到达目标的那个过程。这时，“高飞队”队长小伟自主纠错了。

小伟：老师，我们队3号出现了这样的错误，我把这个错误讲出来跟大家一起分享，希望其他同学不要出现类似的问题。他的错误是这样的。

| 长/厘米 | 11 | 10 | 9 | 8 |
|---|---|---|---|---|
| 宽/厘米 | 1 | 2 | 3 | 4 |
| 周长/厘米 | 24 | 24 | 24 | 24 |

小伟：大家能看出错误在哪里吗？

“奋斗队”副队长：“用24个1平方厘米的正方形拼成长方形”，拼出的长方形的面积是24平方厘米，他把题意搞错了，当成“周长是24厘米”了。所以你看，他的表格下面周长都是24厘米。



“努力队”成员：如果将题意稍微改动一下，这样的解法就对了。

于是，我顺势出示这样一道题：用24厘米长的铁丝围成长方形，有多少种不同的围法？它们的面积各是多少？围一围，算出结果填在表中。

| 长/厘米 | | | | |
|---|---|---|---|---|
| 宽/厘米 | | | | |
| 面积/平方厘米 | | | | |

师：改成这道题，又该怎么分析了呢？各小组交流方法，一分钟后，各组“小老师”到台前展示。

小组活动，我下台巡视，接着各组派出“小老师”到台前分析。

生：根据“用24厘米长的铁丝围成长方形”可以知道，长方形的周长是24厘米。有谁知道，根据“周长是24厘米”可以求出什么呢？（他一边分析，还一边请下面同学回答问题，俨然一个“小老师”）

生：可以求出长与宽的和，长与宽的和是12厘米。

生：再用一一列举的方法，就可以发现有以下几种情况——长11厘米，宽1厘米，面积是11平方厘米；长10厘米，宽2厘米，面积是20平方厘米；长 9 厘米，宽 3 厘米，面积是 27 平方厘米；长 8 厘米，宽 4 厘米，面积是 32 平方厘米；长 7 厘米，宽 5 厘米，面积是 35 平方厘米；长 6 厘米，宽 6 厘米，面积是 36 平方厘米。

| 长/厘米 | 11 | 10 | 9 | 8 | 7 | 6 |
|---|---|---|---|---|---|---|
| 宽/厘米 | 1 | 2 | 3 | 4 | 5 | 6 |
| 面积/平方厘米 | 11 | 20 | 27 | 32 | 35 | 36 |

生：周长相等的长方形，面积不一定相等。长与宽相差越少，面积越大。

生：我还有一个发现，周长相等的长方形和正方形，正方形的面积大一些。（讲台下，自发的掌声一片）

师：同学们真善于发现！很多同学已经会把复杂的问题简单化了。这是一种重要的数学思想，也是一种智慧！

2. 且行且思

错误是学生学习的必然产物，是课堂教学中的宝贵资源。教师要正确认识错误，不能遮遮掩掩，一带而过，而应将错就错，因势利导，机智地捕捉形形色色的错误，变“废”为“宝”，让动态生成的错误成为数学课堂教学的一个亮点。

（1）善待差错，让错误常态生成

学生的学习过程，就是不断从同伴的错误中汲取经验，进而促使自己不断成长的过程。以上课例中，学生研究了“面积相等的长方形、正方形之间的关系”后，有一个学生提出了小组成员的一个错误：将题目误解为周长相同的情况。面对这样的错误，教师是赶紧执行预设环节，将学生思维硬生生地拉回自己的预设，还是让错误常态生成，让错误成为学生思维的生长点？我选择了后者，使课堂出现了别样的精彩。善待错误，珍惜错误，勇于面对错误，通过相互交流、分享、辨析，学生的思维会不断生长，学生的素养会不断提升。

（2）接纳差错，让错误自然生长

恩格斯说：“最好的学习是从差错中学习！”以上课例中，学生在自主练习后进行交流分享，相互补充、质疑。从“周长相等的长方形、正方形之间的关系”出发，学生很自然地联想到：“周长相等的长方形，面积不一定相等。长与宽相差越少，面积越大。”进而有学生发现：“周长相等的长方形和正方形，正方形的面积大一些。”由此，引导学生在分析题意的同时，向题意理解的内涵处扩展。学生在思考中前行，在辨析中共进。接纳错误，让错误自然生长，学生在习得数学的基础知识、基本经验的同时，不仅充分感受到了数学学习的魅力与价值，还获得了数学思考的能力。

（3）将错就错，让错误精彩绽放

错误在自然生长中，能成为学生思维发展的催化剂。教师要能巧妙地将错就错，顺着学生的思路，从容地处理好每一个教学环节，充分展示出学生思考、交流的过程，让错误成为学生思维发展主动性和创造性的良好契机。通过对比，学生对“面积相等的长方形、正方形之间的关系”以及“周长相等的长方形、正方形之间的关系”进行辨析，完善了面积与周长的知识结构。在宽松和谐的教学氛围中，学生不断纠错、改错，继而在评错、赏错的学习过程中，获得了成功的喜悦。



正如特级教师华应龙所说：“正确的，可能只是模仿；错误的，却可能是在创新。”教师若以这样的心态来看待学生的错误，将错就错，善于挖掘错误背后的教育价值，也许错误亦能演绎课堂的精彩。

## 掌握审题技巧，提升解题素养

波利亚曾说：“解题的成功要靠正确思路的选择，要靠从可以接近它的方向攻击堡垒。”而正确方向的选择要从审题开始，审题能力对于找出解题方向有着重要意义。教师通过读题、圈画、说理、评议等指导与训练方式，能促使学生正确感知和理解题意，掌握一定的审题技巧，养成认真、仔细的审题品质，从而提高解题素养。

1. 领会题意，撩开薄雾寻本质

学生在解题过程中，有时并未真正理解题意，只是根据例题机械地模仿，偶尔能解对，然而一旦题目结构发生了变化，就会不知所措。审题从领会题意开始，领会题意要求撩开薄雾寻本质。读题要读出自己的理解，听题需听出题目的关键，这样才能做到举一反三、触类旁通。

（1）读出自己的理解

读懂题意是解题的良好开端。读题能帮助学生理解题意，理清条件与问题，明确条件与问题的种种联系，为解题做好铺垫。从低年级开始，教师就可引导学生出声读题，并逐步过渡到默读，并养成默读题目的好习惯。

在读题过程中，教师要引导学生仔细推敲，理解题中字、词、句的含义，对揭示数量关系的关键句更要反复推敲、细读，理解它的真实含义，为正确解题铺平道路。如这样一道题："小红有12朵红花，比小明多2朵，小明有多少朵红花？"学生经过反复细读，重点读清"比小明多2朵"这一关键句，弄清谁比谁多，谁比谁少，问题就迎刃而解了。

教师出示题目后，可先让学生自己读题，然后组织学生交流："你读懂了什么？请把你读懂的和你的小伙伴说一说！"这样的读题分享，能促使学生进行思维碰撞，生发出自己的真实理解。

（2）听出题目的关键

法国生物学家乔治·居维叶说："天才，首先是注意力。"注意力即智力活动集中指向某一事物或问题的能力，决定着智力活动的速度和质量。审题过程中，适时进行听题训练，能培养学生集中注意的能力。

例如，教学"列方程解应用题"练习课时，有这样一个环节：教师要求学生仔细倾听题目的条件和问题，并用最简洁的方式表示出来。教师先叙述如下条件："已知梯形面积是200平方厘米，它的上底是24厘米，下底是26厘米。"但见，有学生记下了关键数据，还有学生画了个梯形，并做上了标记。教师追问："根据这几个条件可以求什么问题？"学生提出问题："梯形的高是多少厘米？"接着，学生说出等量关系式，并列方程解答。经常进行这样的听题训练，能促使学生把握重点、抓住关键。

审题过程就是破解题意的过程。审题是解题的第一步，更是解题的关键一步。善于倾听的学生，能通过仔细分析，层层剥离无关因素，找出问题的关键所在，及时捕捉数量间最本质的关系。

2. 表达题意，去除烦冗现关系

任何概念都不会孤立存在，知识往往自成体系。事物的各种变化必然存在联系，互为因果。审题时，如果善于把握数量之间的固有联系，恰当进行信息转换，有时会达到“柳暗花明又一村”的效果。学生领会题意后，教师要试着引导学生表达题意。画题和说题是表达题意的重要方式，能将学生的思维过程外化，帮助其把握数量之间的关系，完成对数学模型的抽象。

（1）画题，探寻数量关系

画题就是画图，是思维外化的一种重要方式。在画题过程中，学生留意的不仅仅是具体数字，还有数量之间的依存关系。因此，画题训练的是学生的抽象思维能力，即整体概括题意的能力。把问题画出来，不仅有助于凸显学生的思维障碍，还能够训练其抽象建模的能力。

例如，教学“列方程解应用题”一课时，教师出示了这样一个问题：一支船队全长186.5米，由一艘长27.5米的拖船和3艘长度相等的驳船组成。每艘驳船大约长多少米？（船与船之间的空隙忽略不计）教师要求学生画出题意。巡视时，教师发现有学生是这么画的。

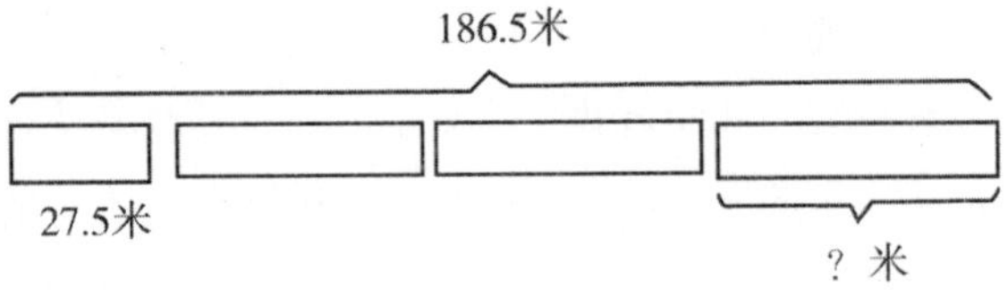


当然，也有学生画了线段图。

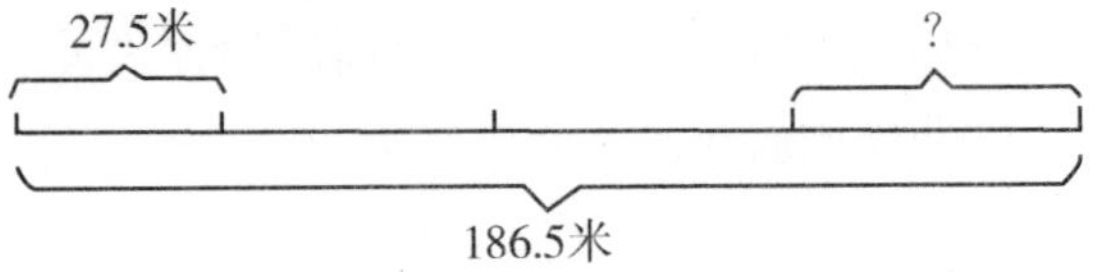


画了图之后，数量之间的关系也就一目了然了。这时，用不用方程解答就不重要了！

苏霍姆林斯基曾指出：“在课堂上引进直观手段，倒是为了在教学的某一个阶段上使儿童摆脱形象，在思维上过渡到概括性的真理和规律性上去。”运用直观的目的是使学生通过形象摆脱形象，最终达到抽象。画题其实是将应用题中蕴藏的数量关系进一步简化，通过层层剥离露出最本质的关系，这样才能透过现象观察本质。

（2）说题，分析解题思路

心理学研究表明，人在学习过程中，听了不等于懂了，懂了不等于会了，会了不等于通了。语言表述是思维活动的最高境界，能提高思维的严密性。布鲁纳的发现学习理论认为，教师的教学是为了使学生更好地学习。在课堂教学中让学生进行说题的尝试，亲身体验发现、探究、解决问题的过程，然后通过规范的语言表达出来，这种非常规的教学方式在提高学生学习积极性、主动性的同时，还能够提高学生的参与度，提升学生解题的能力。

在解决问题时，让学生结合问题情景阐述自己的理解，逐步启发学生思考如下问题：①这道题讲述的实际问题是什么？②题目中有哪些条件？这些条件对解题有什么帮助？③要想解决这个问题，你是怎样思考的？学生有条理地说题，能分析数量关系，同时暴露自己对题目的理解程度，便于教师及时调整教学进度。

审题并非浮于表面地读题，而是需要阅读、思考、分析等多方面协同并进。系统化思考，条理化说明，数学化表述，能培养学生的逻辑思维和应用意识。

3. 拓展题意，结网建构显创意

皮亚杰指出，只有儿童自我发现的东西，才能积极地被同化，从而使儿童产生深刻的理解。审题教学中，教师要重视知识的迁移和应用，探究题目中所包含的知识的系统性。解题之后，可通过编题和议题，引导学生探究问题的结构和体系，加强知识的横向联系，把问题所蕴含的孤立的知识“点”，扩展到系统的知识“面”，进而形成认知结构的系统性。

(1) 编题，活用习题模型

自编应用题有助于培养学生的学习兴趣和创新精神。学生在自编练习题的过程中，需要把各种相关信息重新组织、整理，需要按自己的方式内化和领会习题模型，这样才能最大限度地发挥学生的主动性和创造性。

例如，教学“列方程解应用题”练习课时，做了一些基本练习后，教师鼓励学生自编应用题。有学生编题：“爸爸的年龄是小红的 2 倍，爸爸比小红大 28 岁，爸爸和小红各多少岁？”还有学生编题：“白兔的只数是黑兔的 4 倍，白兔和黑兔共 100 只，白兔和黑兔各多少只？”……因为是自己编的题目，所以学生解答时都兴致勃勃的。

学生的编题过程是一个探索、研究和创新的过程。师生可从学生编的题中精选优题，展示出来，让大家一起解题、赏题、评题，使编题练习成为师生集思广益、共同进步的平台，进而最大限度地发展学生的探索、创新能力。

（2）议题，反思题目原意

波利亚认为，数学问题的解决仅仅只是一半，更重要的是解题之后的回顾。解题后的反思不仅能巩固所学知识，而且能促进学生思维发展。

问题与问题之间并非完全孤立，许多表面上看似无关的问题却有着内在的联系，解题不能就题论题，而要寻找问题与问题之间本质的联系。因此，解题后的议题就显得至关重要。解完题后，教师可引导学生追问：为什么有这样的问题？它与哪些问题有联系？哪些题可归为一类？……经过这样的思考和讨论，知识得以迁移和拓展，学生审题的角度也会发生质的改变。这样的议题活动，能将数学思想、数学方法有效整合，在不间断的联系和整合中，丰富学生的审题视野和认知结构，并使其体验到思考和创造的快乐。



叶圣陶先生说过："对于学生来说，能够得到一把开启智慧之门的钥匙、养成一些良好的学习习惯、练就几路真正有用的本领，那才是最大的实益，终身受用的好修养。"学生学会审题，掌握审题技巧，不仅能提高思维能力，还能提高解题素养。

## 让学生生活在思考的世界里

1. 镜头扫描

（1）原本以为会精彩

课上，教师一个问题抛出，几名学生不假思索地把小手举得高高的，有的嘴里还嚷着："我来，老师，我来！"教师为鼓励他们的积极性，就从中喊了一个，原本以为他的回答一定会非常精彩，没想到却平平淡淡。

（2）那么多的旁观者

教师刚宣布完小组合作活动开始，只见少数学优生非常活跃：实践时，他在指挥操作；讨论时，他在发表见解；交流时，他在汇报结果。而多数学生无形中成了听众、观众和接受者。

(3) 又有一大摞需要订正的

课堂作业交上来（尤其是家庭作业），教师认认真真地逐一批阅，可常常会一边批，一边忍不住叹气。等全部批完，把全对的和需要订正的分别放置，总会发现需要订正的比全对的多出好多。

(4) “跑得我气喘吁吁”

把需要订正的作业发到学生手中，总是有一些学生马上就去看同桌或前后同学的作业。而越是这样的学生，往往越不能一次性订正正确，少则跑上两三次，多则不下十次，用一个学生的话说就是“跑得我气喘吁吁，总算订正对了”。

……

2. 原因分析

(1) 学生问卷结果显示

① 怕自己回答错了，被老师批评或被同学笑话。

② 几次举手都没被老师叫到，还不如不思考的好。

③ 学习好的同学举手特别快，小组活动时总是他们说了算，我再怎样也比不上他们。

④ 学习是一件累事，只要完成老师布置的任务就行，马虎一些没关系。

⑤ 数学不如语文有意思，比较枯燥，学起来没劲。

(2) 教师自我剖析

① 传统的“师道尊严”剥夺了学生思考的机会

长期以来，在课堂教学中，教师往往会按照自己课前设计好的教案去开展教学活动。每当学生的思路与教案不吻合时，教师就千方百计地把学生的思路“拽”回来；当学生的回答与教案吻合时，教师则如获至宝地加以表扬。久而久之，学生就不习惯进行独立思考了。

② 教师的提问过于单一，缺乏思考的价值

不难发现，在平时的课堂教学中，我们经常能听到教师提出一些诸如“是不是？对不对？好不好？”的问题，即便在公开课上亦如此，这无疑在客观上阻碍了学生思维独立性与创造性的培养与发展，致使学生在思考问题方面存在着比较严重的模仿性与依赖性。

③ 优越的家庭环境使学生形成了懒于思考的习惯

现在的学生，大多过着衣来伸手、饭来张口的生活。他们往往觉得学习不是自己的事情，常常只是凭一时的兴趣去学习。对于需要动脑筋的问题，他们就觉得很麻烦，觉得还不如等待别人的答案来得方便，久而久之，就养成了人云亦云、懒于思考的习惯。

3. 学习思考

（1）要引导学生成为自觉的思考者

学生的学习过程是一个特殊的认识活动，认识的主体是学生。辩证唯物主义认为，外因是变化的条件，内因是变化的根据。人的认识从感知发展到抽象思维，在这一过程中起关键作用的是人的主观能动性，即能否主动地去思考、探究问题。学生缺少或失去主动思考的热情、独立思考的习惯，就无法较好地亲身体验将实际问题抽象成数学模型并进行解释与应用的过程。我们现在的很多课堂沉闷、死寂、没有生气，并不能说明学生不会思考，其根本原因是教师没有去点燃他们勤学好问、渴求知识的火焰，或者是缺少点燃的方法和手段，没有点对地方。因为，“在每一个年轻的心灵里，都存放着求知好学、渴望知识的火药”（苏霍姆林斯基语）。因此，教师要尽最大可能去训练学生的思维，让学生生活在思考的世界里，在思考中学会思考，在思考中体验思考的乐趣。



（2）要让学生养成良好的思考习惯

习惯是指由于重复或多次练习而巩固下来的并变成需要的行动方式。控制自己的身体也许比较容易，控制自己的大脑却很难。因为动作在熟练之后，往往就形成一种“习以为常”的状态。而思维一旦被“习以为常”，那就有可能保守、顽固、束缚、教条了。因此，我们应千方百计地激发学生学习的动力，让他们积极主动地去思考问题、建构知识，养成一种在学习过程中注意力高度集中、思维活跃，有探求新知识的欲望，喜欢独立地解决问题、创造性地完成学习任务的习惯。学生只有养成这种良好的思考习惯，才能独立发现问题，独立地检查结论或结果的正确性，才能在学习中表现为不盲从、不依赖、不轻信。也只有通过独立思考，才能使学生在理解知识的同时，在思维能力、情感态度与价值观等多方面得到进步与发展。

(3) 要让课堂形成优良的循环过程

苏霍姆林斯基曾说，在课堂上要做两件事：第一，要教给学生一定范围的知识；第二，要使学生越来越聪明。如果达不到这两件事的和谐，就会使学生的学习变成一种苦役。如此看来，教师应努力在自己的课堂上做到：既教给学生一定的知识与技能，又教给学生思考的方法，让学生有兴趣地去思考、做，再思考、再做，形成一个良好的循环过程，从而让学生更加聪明。

4. 策略微探

(1) 改善师生关系，让学生敢于思考

从心理学角度来看，外部的环境对个人的思维和才能的发展起着重要的推动作用。很难想象，如果课堂环境是压抑、沉闷的，学生会有探究的欲望。只有在和谐融洽的环境中，学生才会积极思考、自主探索，才敢发表独特的见解，才敢与教师争论，或指出教师讲课中的失误，或指出教材的不妥之处。因此，我十分注意创造和谐、宽松的课堂氛围，建立平等、民主、友爱的师生关系，坚持把微笑带进课堂，把自己当作学生的朋友，给他们以关爱、信任及鼓励，从不把自己的意见强加给学生。同时，我注重与学生的沟通与交流，给学生以亲切感和信赖感，使课堂呈现出积极向上的景象。

(2) 实行加星评价，让学生乐于思考

教师在课堂中对学生所采用的随机的、激励性的评价，是教学活动的重要组成部分，是激发学生参与积极性的重要方法。我结合班内学生的实际，采用“我能行”学生学习情况评价卡，通过学生自评、互评或教师的评定，对于学生凡是专心听讲、积极发言、敢于提问、独立思考、作业优秀等的时候都给予一定星数的奖励。每周末，由学生汇总一周得星总数，然后评出周冠军，发给喜报单。由于我给每位学生参与学习的过程赋予了“加星”的机会，所以一定程度上增强了学生学习的内驱力，促进了学生主动思考。

(3) 开放学习课堂，让学生勤于思考

在传统的课堂上，学生主动思考的积极性往往被过于严肃的“管教”和“八股式”的套话压抑。因此，教学中，我放手让学生参与学习活动，力求体现学生的主体地位，留给学生一片自主探究的时间和空间。如在寻找新旧知识的衔接点时留“空白”，在提问后留“空白”，在学生对知识认识模糊时留“空白”，在概括结论之前留“空白”，在出现错误之后留“空白”，在出现难题时留“空白”……让他们经历发现知识、思考问题、寻找规律、概括结论、质问疑难乃至建构知识的过程，体验探索的乐趣，体验成功的喜悦。

（4）鼓励质疑想象，让学生深入思考

疑是思之始、学之端。教师在教学中要引导学生发出疑问，即使无疑也要寻疑，将学生置于特定的情境之中，给自己提出问题。针对学生提不出问题或者不敢、不会提问题这种情况，我首先帮学生树立自信心，给学生以安全感，鼓励他们敢想、敢说、敢问。事实上，学生所提问题的质量高低并不十分重要，重要的是学生能否参与，是否敢于表达自己的观点和看法。作为学生，他们最担心的就是教师说自己提的问题不好或毫无意义。其实，一旦他们真正开始积极思考、尽情想象，他们的问题就会千奇百怪、层出不穷。在帮学生树立自信的基础上，我指导学生掌握研究教材、发现问题的方法，如把新知与旧知联系起来进行比较、对每个知识点多问几个“为什么”等。经过一段时间的训练，学生提出的问题开始由少到多。

（5）指导撰写周记，让学生开放思考

数学周记就是学生通过自述的方式全面地反映自己学习数学时的心理体验、知识建构、方法选择、实践操作能力形成、课外研究等过程的日记体的练习，每周一篇。我对学生撰写数学周记有一定的要求：不必追求语言文字的技巧，只要把自己在数学活动中想说的话写下来即可。参与者均可得到加星的奖励，质量越高则星数越多，特别好的还可在全班范围内进行展示交流。由于数学周记不同于一般作业，写之前往往需要认真回忆、整理学过的内容，因此学生常常能想到平时在课堂上想不到的问题。此外，由于周记的内容是开放的，获取知识的渠道是自由的，因此学生可以到更广阔的空间去求知，去探索，去展示自己的学习成果，使思维得到了有效的锻炼与发展。

总之，只有把学生培养成一个思考者，学生才能体验到学习的快乐和幸福，而这种快乐和幸福反过来会促进学生思考。正如爱因斯坦所说的：我们体验到的一种最美好、最深刻的情感，就是探索奥秘的感觉；谁缺乏这种情感，他就丧失了在心灵的神圣的战栗中如痴如醉的能力。

（本文作者：江苏省张家港市云盘小学　郭红）

# 第四章

## 教师专业素养的自我提升

如今，很多教师参加培训都抱着一种“被培训”的心态，或是因为学校硬性指派，或是为了完成某种任务指标。因此，在学习和进修中，这些教师常处于被动、应付的状态，缺少一种主动、进取的精神。我们深知，学习、进修的过程相当复杂，它并不是将知识从一个容器导入另一个容器的简单过程。教师参加各种培训，如果没有一种情感上的认同，就不可能有认知的动力，学习效果当然不会太好。

如果我问：“教师学习究竟是为了什么？”也许很多人都会不以为意，不假思索就能给出确切的答案——教师是为学校和学生而学习的。从浅表层次看，此观点有一定的合理成分。但如果深入剖析此言论，我们便会产生疑问：在这样的学习过程中，教师将自身置于何地？无论什么学习活动，如果缺失了个体自身的能动作用，是很难收到良好效果的。

其实，教师不妨确立这样的观念：我是为自己而学的。这么说，不免有走向个人主义的嫌疑，但学习确实是先为自己再为他人的。台湾省一位数学教师说：“爱自己，栽培自己！”初次听到这句话，我受到的震撼无法言喻。在以往接受的教育中，我们常常被灌输这样的观点：要爱学生，要好好教育学生。我们何曾正视过自己的内心世界？我们该从哪里汲取成长的力量呢？一旦教师具备了自我栽培的意识，何愁不进步？在学校里，如果很多教师都有这样的意识，那么不出几年，就会涌现一批优秀教师（并不一定指有称号的骨干教师）。

如果我追问："教育研究的目的是什么？"有人马上会回答："教育研究就是为了写文章，谁的文章多，谁的研究就更深入！"在这种观点的支撑下，教育界涌现出了大量的教育美文家。如果文章很多，却对自己的教学和学生没有任何帮助，那又有多大意义？事实上，教师做研究首先是为了自己！是为了使自己摆脱低效教学，并减轻自身的教学负担。因此，提高教学质量，走出教学的恶性循环，才是教学研究的真正目的。一旦教师的教学达到了高质、高效，那么学生的学习自然也会走向低负担、高效益，二者显然是相辅相成的。当然，教师的研究并没有什么神秘可言，在教育教学中，发现了某个问题，做一些思考和探讨，并及时予以记录，长此以往，便能发现问题的规律性特征，这样的活动即可被称为研究。这种研究是行动研究，也是贴近地面飞行的"草根"研究。

教师通过不间断的学习和研究，有了丰富的精神生活和教育经验，他教的学生怎么可能不进步呢？相应的，当学校拥有一大批优秀的教师和学生时，这个学校怎么可能不发展呢？可见，教师发展专业素养的同时，也连带地推动了学生发展和学校发展。

苏霍姆林斯基说过："工龄的长短并不一定决定经验的丰富与否。只有不断地进修提高的教师才是真正的教师。"显然，教师要提高专业素养，必须不断学习、进修。教师培育学生的同时，还要栽培自己。教学绝不能仅仅滋养学生，也应变成滋养教师自己的过程。教育是师生相互雕琢、共同经历素养提升的生命过程。

## 第一节　读书学习，对世界充满好奇

那日，我刚登上“教育在线”论坛，就收到了网友推送的“每日一诗”，摘录的是美国诗人霍尔姆斯的诗歌《不管怎样，还是应该》。读了之后，我颇为震撼。其实，我对霍尔姆斯所知甚少，但他似乎道出了我的心声，这算不算一种缘分呢？也许，伟大的作品都是能走入人们内心深处的吧！以下是这首诗的内容。

生活有时会缺乏理智，逻辑混乱，唯我独尊；但是不管怎样，还是应该去爱它的。

如果你勤勉向上，有人会指责你别有用心，牟取私利；但不管怎样，还是应该勤勉向上。

如果你已功成名就，难免会招来虚假的朋友和真正的敌人；但是不管怎样，还是应该去力争成功。

诚实和坦率会使你易遭到伤害；但是不管怎样，还是应该诚实坦率。

今朝的善行，世人会在明晨淡忘；但是不管怎样，还是应该多做好事。

胸怀大志的伟人往往失势于目光短浅的庸夫；但是不管怎样，还是应该胸怀大志。

人们虽然常常怜悯失意的弱者，却总是趋炎于得志的权势；但是不管怎样，还是应该去扶助某些弱者。

多年建树的业绩可能毁于一旦；但是不管怎样，还是应该去努力建树。

显出你的全部精华去造福于人类，可能会使你身陷困境；但是不管怎样，还是应该向人类献出你的精华。

对于这首诗，干国祥老师发出了如下感想。

我们生活在一个没有教育家的时代，应试的海面上只有鬼火与喧嚣，从来没有什么航灯。在这样的海面上，我们……互相支持，或许能够在岁月的长河中寻找一盏灯，甚至自身成为一盏灯，以照亮更多的人。

所以，如果你勤勉向上，周围的同事会嘲笑你，但是不管怎样，还是应该勤勉向上；你的诚实和坦率，会让你成为世人眼中的傻子，但是不管怎样，还是应该诚实坦率；你今天献出一切去造福你的学生，或许明天就会被淡忘，但是不管怎样，还是应该努力去造福你的学生；你今天努力开出一朵花，或许有一天会凋谢，但是不管怎样，还是应该努力使自己的生命成为最美的花朵。

干国祥老师站在教师的角度，对这首诗进行了深度解读。他以一位教育行者的姿态，阐明了自己的信念和立场，非常值得我们钦佩。我突然想到道家的“无为”观点。“无为”并不是无所作为，而是没有功利、顺其自然地行事。正像电影《阿甘正传》中的阿甘，他跑步没有任何目的，只是为了跑而跑，跑步已经成了他一种生活方式。读书、学习、思考，又何尝不是如此呢？坚持读书学习，对世界充满好奇，才会显现出不竭的生命力！

以下是我在读书、观看电影的过程中所得的教育感悟，与大家分享。



## 在理想的光照下前行

一切教育都是理想的教育，都是为了理想、追求理想的行动。教育的过程是知识交流的过程，是心灵沟通的过程，更是生命对话的过程。有人说：“仰望天空，脚踏大地。”的确，有了仰望天空的情怀，才能坚守正确的教育方向；有了脚踏大地的行动，在教育之路上方能走得更踏实、更稳健。

近日，我有幸读了袁振国所著的《教育新理念》一书，感触颇深。作者的文笔流畅，全无枯燥沉重之感。浅显易懂的案例，引人联想，启人思考，可读性强。这本书不介绍高深的理论，而是关注教育变革，从理想教育的高度，对当代教育实践中遇到的热点、难点问题，如课堂革命、学科视野、素质教育等，进行了系统而深入的思考，阐明了意义深远的教育新理念。

试问：教育的理想是什么？很多伟大的教育家都富有教育的理想。古希腊的柏拉图希望能通过教育培养出理性国家的“智者”，法国的卢梭希望通过自然主义的教育培养“自由发展”的人，美国的杜威希望通过“无目的”的教育培养有民主意识的公民和建立民主的国家……纵观历史，可从教育理想的种种思潮中归纳出社会理想主义、科学主义和人文主义三种教育观。随着社会发展程度的不断提高，当全球化、创新精神和创新能力成为新主题的时候，三种教育观逐渐走向了融合。在这种对教育理想的回溯中，每一位教育工作者都深深地意识到：教育是变化的，好的教育是相对的，教育是哲学，是艺术，是诗篇……教育者要对教育有自己的独特理解，并形成自己的教育理想，这样才能对教育充满热情，不断追寻教育的理想境界。

教育理念是指导教育行为的思想观念和精神追求。只要有教育行为发生，就一定有教育理念在起作用。课堂教学的革命，应从教育理念开始。《教育新理念》一书中有这样一个例子——中国孩子放学回家以后，每位家长问孩子的第一句话差不多都是一样的：“今天的作业做完了吗？”家长关心的只是学校既定任务的完成情况。世界上，还有一个国家也特别关心下一代的教育，那就是以色列。当孩子放学回家后，每位家长问孩子的第一句话差不多也是相同的：“你今天在学校向老师提问了吗？”如果孩子得意地说：“我今天向老师提出了一个问题，老师没有回答出来！”那家长就会像孩子一样得意，会喜形于色。可是，如果中国孩子回来对家长说自己提了一个问题把老师难住了，绝大多数家长会感到尴尬和为难，甚至会斥责孩子：“你逞什么能！”很多教育现象的存在都有一定的文化背景支撑。仅从问题意识的培养上，就足见不同民族价值观的差异。因此，要开展以问题为纽带、以结果为过程、以综合为导向的教学，固然需要教师转变观念，但同时也需要整个社会形成共识。为追逐知识前沿的教学，教育者要在循序渐进的直线教学中，穿插跳跃式发展的散点教学。只有教学中实现了突破，才预示着科学上的突破。经过本书作者的一番细致梳理和阐述，我们更深入地感受到了课堂教学方式变革的迫切性和艰巨性。

教育理念是否先进和确然，还影响着教育者的学科教育视野。作者认为，学科是知识结构的主体，更新学科教育的观念是更新学科教育的前提。他用全新的视角审视学科教育，体现了以人为本的素质教育情怀。在他看来，科学教育不应是追求标准答案的过程，而应是发展学生富有个性的综合科学素养的过程；开放的数学教育，能培养学生应对社会的实践能力和创造性；文科教育是个体体验生命价值的活动，也是展现自由精神的舞台；美育的本质在于培育美的精神；信息技术为教育的新飞跃提供了平台，也对教师的素质提出了根本挑战；体育是一种精神、一种习惯，它在体育课中，更在生活中……这些真知灼见，无不展现着作者的独特观点。的确，从学科教学走向学科教育，有知识技能的掌握，也有智慧个性的激扬，更有生命活力的展现。学科教育只有凸显了生命价值，提升了生命质量，才能实现育人之目的。

我国推行素质教育已多年，但效果如何呢？有人曾说，表面上是轰轰烈烈的素质教育，私底下却是扎扎实实的应试教育。学生学得苦，学习无乐趣，这些都是不争的事实。对此，作者的字里行间无不流露出深深的忧虑。何谓素质？作者指出：“素质其实并不抽象，它是一种心胸宽广、自强不息、乐观向上的气质；是一种自尊、自信、自谦、自持的精神；是一种关心人、关心社会、关心自然的情怀；是一种求实致远、质朴高雅的品位；是一种‘富贵不能淫、贫贱不能移、威武不能屈’的人格。”作者对素质的个性化解读，让人眼前一亮。他积极主张推行素质教育，并描绘出素质教育的理想蓝图：它涵盖了教育的所有方面，它倡导在教育中使每个人都得到全面而有个性的发展。素质教育是一种教育理想，也是一种价值追求，还可看作一种至高的教育境界。素质教育以人的发展为最终目的，是指向大众的教育，着力于提升国民素养。当然，素质教育是一种整体风貌，体现了完整人格的养成。作者对素质教育的独到解读，体现了他赤诚的人文主义情怀。



## 寻找教育的幸福

读了阿莫纳什维利的“学校无分数教育三部曲”之后，我耳边总是回响着这样一段话：“善良的人们，愿你们让教师成为一个幸福的人吧！在那样的情况下，他将更容易和更快乐地去教育你们的孩子……他将无所不能，无所不会！只要使教师成为一个幸福的人，他就能培养宇航员、工人和农民、医生和工程师、学者和实际工作者、诗人和作曲家，培养诚实的劳动者，培养他们的心灵和精神！这对你们来说是毫不费力的事！要知道，为了使教师成为一个幸福的人，他们的需要是微不足道的……”

阿莫纳什维利把自己班级中的孩子都看作小公主或小王子，他用心灵与孩子进行着交流，体验到了教育的幸福。一次，他为了准备每个孩子的毕业礼物，很晚才回家。在路上，他感到对家人非常歉疚，但他知道他们一定会非常支持他，因此他充满激情地想道：“一到家，我就要告诉你们，我是多么幸福。成为一个幸福的人，这对教师来说是多么重要……”

的确，体验到教育的幸福，这对教师来说是非常重要的。但现实的教育生活中，又有多少教师感受到了教育的幸福呢？听听教师的心声吧！一位经常教高年级的C老师今年初次教一年级，她是这样说的：“教一年级简直是一种痛苦，整天要用骗、哄、吓的方法，没有哪一节课是太太平平的，真让人疲惫不堪……”无独有偶，一次，我在听课时，又听到Z老师厌恶地说：“我现在看到学生就要发火，他们真讨厌！做实验的时候，总是闹哄哄的，没有哪一次是安静的……”

著名教育专家冯恩洪教授说过：“幸福是什么？幸福就是做学生喜欢的老师，就是拥有学生真诚的爱。这是为师者享用不尽的财富。”当一名教师能感受到教育的乐趣时，那他一定是一个非常成功的教师。C老师和Z老师都是学校中的骨干教师，在教学上已取得了一定的成绩，但他们找不到教育的快乐，这是为什么呢？

教育教学活动本身就是师生的一种交往互动的过程，也是师生共同发展的过程，还是师生生命历程的一部分。如果教师在这个过程中感受不到幸福，那不是很悲哀吗？教育生活的不幸福，是教师人生的一大缺失。那么，怎样寻找教育的快乐呢？

首先，教师要用真心去爱孩子。不管碰到多么顽劣的孩子，教师都要用一颗炽热的心去感染他，去帮助他。只要心中有爱，教师就会变得聪明起来，会想出各种奇妙的方法去感化孩子、鼓舞孩子，他的教育方式也会变得越来越有艺术性。

其次，教师要用平常心看待孩子。孩子毕竟是孩子，他们的心智尚不健全，有时会做出一些违反常规的举动，这些都是正常的。有时，教育顽劣的孩子，采用适当的惩罚措施也是必需的，但这些惩罚手段一定要建立在不伤害孩子自尊的基础上。当然，同时也少不了教师苦口婆心地去说理。教师要用一种平常心看待孩子，不要人为地提高对孩子的要求，始终要把孩子当孩子看。孩子一有改正的意向，教师就要加以肯定，使他们的优点得以发扬光大。

最后，教师要用宽容心对待孩子。宽容不是放纵，而是一种教育的艺术。西方有句名言：孩子犯错，连上帝都会原谅。我们又为什么不能从心底里宽恕孩子呢？当我们用一颗宽容的心去看待孩子时，就会发现孩子身上有许多闪光点，会看到孩子一天天的点滴进步。

每一个孩子都有自己的优势，每一个孩子都是未开垦的宝藏，当我们能意识到这一点时，很多的教育惊喜便会迎面而来，这样我们就能感受到教育的幸福了！

## 追寻内心的声音



一个偶然机缘，我买了马可·奥勒留的《沉思录》，一读之下，便不忍释卷。书中的话语虽然很直白、浅显，却句句撞击着我的心灵，那都是发自灵魂的呐喊啊！时隔两千年，我依然能感受到一个古罗马皇帝的淳朴、睿智和宁静。马可·奥勒留，这位卓越的哲学家，没能阻挡罗马帝国的轰然倒塌，却用自己一生的思考，为无数寻求生命更高境界的人，铺设了灵魂的阶梯。这本经典的书，我放在桌边，时常随手翻看，每一次都会有不同的体悟。以下简单罗列几点。

第一，聆听内心的声音。马可·奥勒留说："绝不要去猜测别人心里在想什么，琢磨别人心思的人从来都不是幸福的人。每个人都应该关注自己内心的所思所想，如果连这一点都做不到，那是很可悲可叹的。"他还说："如果一个人不能看清别人的灵魂，那也没有什么不妥；而很少留心自己内心动机的人，却注定不幸。"也就是说，一个人不必太在意别人的想法，而要学会倾听自己内心的声音。要认识自我，我们就必须经常性地走进自己的内心，探寻自己的内在需求。苏格拉底说过，人最大的困难是认识自己！的确，剖析自我、认识自我何其艰难！有的人浑浑噩噩，终其一生都无法真正认识自己。如今，我常常会叩问自己："我究竟想要成为怎样的人？我这么做的意义何在?"这样的叩问，使我能更深层地认识自我需求，并促使我形成职业认同感。

第二，重视当下的体验。马可·奥勒留一再强调，生命转瞬即逝，每个人都应该充分认识自己的渺小，并努力活在当下。现实生活中，很多人充满功利的念头，他们或想攫取更多的物质财富，或热衷于身后留名，马可·奥勒留认为这些都很可笑。他说："只有当下才是可能被夺走的东西。"在文中，他进一步阐述："每个人所失去的不会是别的什么，而只是他现在的生活；每个人所享有的也不是别的什么，也只是他现在的生活。"的确，当我们学会用哲学的思维去思考生活时，我们便会更加豁达、从容。这个世界上的万事万物时刻发生着变化，这是我们所不能掌控的。每个人都只是沧海一粟，能真正把握的只有当下。因此，重视当下的体验是最明智的选择，也是走向幸福的必由之路。

第三，承受事物的变化。世上的万事万物无时不在发生着变化，这些变化都是按照宇宙本性发生的。马可·奥勒留说："你要学会沉思，不但要洞察事物之间的相互转变规律，而且要保持对这一变化规律的关注，从哲学高度来修行你自己。"人生在世，我们必须时刻面对各种事物的变化，有些变化在我们承受范围之内，有些却超出了我们的承受能力。马可·奥勒留告诫我们："如果你因什么外在的事物而感到痛苦，打扰你的不是这一事物，而是你自己对它的判断。"的确，当我们十分烦恼或悲伤时，只要联想到个人生命之短暂，我们便能变得平静、释然。譬如，某一件不好的事发生了，这看似是一个不幸，但如果我们选择忍耐，它又可能转变成一个幸运。生活中，时常上演"塞翁失马"的故事，但得失之间，似乎没有决然的对立，无形中，得和失总会趋于某种平衡。

读了这本书后，我的内心总是充满着恬静和安宁，世事的繁杂和纷争常常会淡出我的视野。我要做的是，聆听内心的声音，面对自己的需求；淡然对待死亡，珍惜当下的生活；平静地接受变化，追求真正有价值的人生。

## 你还相信神话吗

最近，在朋友的推荐下，我看了美国电影《热血教师》。这部电影展现了美国教师罗恩·克拉克的一段教育经历，从拍摄效果看，绝不亚于任何一部美国大片。虽然是喜剧片，看到最后，我却有一种想哭的冲动。我突然想起这样一句话："你还相信神话吗?"如今，相信神话的人真是太少了，但克拉克老师创造了一个教育神话——在半年之内，他改变了一个最乱班级的精神面貌，最后，该班学生全部通过毕业考试，且成绩超过了州内的其他六年级班级。

克拉克老师有什么法宝吗？我看未必，他也是凡人一个。刚开始接手班级时，他想尽了办法，但学生还是一再向他挑衅。他曾有消沉情绪，但在朋友的鼓励下很快振作了起来。

克拉克老师管理班级非常严格。但即使是全班同学在陪着不承认自己插队的莎美卡挨饿的时候，克拉克老师也没有对莎美卡冷嘲热讽，而是耐心、真诚地告诉莎美卡："我们是一家人，一家人之间不会互相欺骗。"当莎美卡迫于大家的舆论承认了自己插队之后，克拉克老师没有落井下石，而是看着莎美卡的眼睛："我真的感谢你，我为你自豪。"克拉克老师在管理学生的过程中，对学生始终不曾有任何侮辱、不耐烦、指责的字眼，反而始终用正面、鼓励、引导性的话语告诉学生："老师爱你们，我们是一个大家庭。"他的严格中带着爱心和耐心。

为了和学生拉近距离，克拉克老师与学生约定——他向学生学双跳，学生向他学知识。一开始，他的动作很笨拙，还摔倒在地，但他并不气馁，过了一会儿就熟练了起来。他用自己真实的学习经历告诉学生：每个人都能克服种种困难取得成功。为了培养学生的信心，克拉克老师用自己跳崖的事例告诉学生：要相信自己、相信老师。克拉克老师还经常鼓励学生要去追逐人生中最渴望的东西，要敢于做梦、敢于冒险。

为了增强学生的学习兴趣，克拉克老师可谓煞费苦心。一次，为了吸引学生安静认真地听自己讲课，他承诺，只要学生安静地听，每过 15 秒钟，他就喝下一瓶酸奶。为了看他出丑（呕吐），也因为好奇，学生真的安静地听他讲课，当有人说话时，大家群起“嘘”之。一节课按照30分钟计算，他喝掉了4×30＝120瓶酸奶。难受吗？当然难受，但是，克拉克老师让学生看见了自己希望他们学习知识的毅力和决心。

为了让学生记住美国的总统和历史事件，克拉克老师自编了说唱词，配上音乐，边跳边唱。学生从开始时的惊奇、雀跃到积极参与其中，感受到了新颖的教学方法带来的神奇变化，更感受到了克拉克老师为了让他们学好知识所付出的努力。

……

影片中，这样的例子有很多！克拉克老师是有魅力的，他对工作充满了热爱，对学生倾注了满腔热情。在教育教学方面，他总能想出新奇而有效的方法，让学生在接受知识的同时，受到一次又一次心灵的冲击！

## 向雷夫老师学什么

最近，我翻阅了美国年度优秀教师雷夫·艾斯奎斯的专著《第56号教室的奇迹——让孩子变成爱学习的天使》，慢慢品味着，很自然就被雷夫老师吸引了。那么，雷夫老师的魅力究竟体现在哪里？我们该向雷夫老师学什么呢？随着阅读的深入，我似乎找到了答案。

首先，雷夫老师以信任为基石，营造了一个没有恐惧的教室。如今，我们的课堂到处弥漫着恐惧的气氛，教师惧怕课堂失控，害怕教学失败。美国学者帕克·帕尔默说过，即使从教30年，他的恐惧之情也从未减少过。《优秀是教出来的——创造教育奇迹的55个细节》的作者克拉克老师从教数年后，也常常会因为担心教育效果而睡不着觉。这些例子都证明，教师的恐惧之情真实存在着。有些教师虽然表面上严厉，但内心虚弱异常。而学生的恐惧就更普遍了，他们害怕学习中的失败，害怕因离群产生的孤独感，惧怕规则的约束，还惧怕严厉的惩戒。在这种情况下，信任显得尤其重要！当然，这里指的是真正意义上的信任，这种信任建立在教师对学生的深度理解和关爱之上。

其次，为了培养学生健全的道德人格，雷夫老师费尽了心力。参照柯尔伯格的做法，他也开始帮助学生寻找道德的六个阶段。第一阶段：我不想惹麻烦。第二阶段。我想要奖赏。第三阶段：我想取悦某人。第四阶段：我要遵守规则。第五阶段：我能体贴别人。第六阶段：我有自己的行为准则并奉行不悖。前四个阶段有一定的功利色彩，学生还习惯于受到他人的约束，还处在道德他律阶段。而在后两个阶段，学生已经逐渐走向道德自律的阶段，能够不受外界环境的影响，用自己的信念和理解来管理和指导自己的行为。虽然达到第六阶段的学生的数量并不多，但雷夫老师仍然深信：只要教育得法，并坚持做下去，大多学生还是能达到第六阶段水平的。

当然，雷夫老师的高明之处还在于他开发了一系列课程。课程涉及面极广，经济、音乐、美术、体育、戏剧等，凡是生活中存在的活动，他都能拿来使其成为课程。有趣的是，雷夫老师并非全才，他不擅长音乐，却能把音乐课演绎得异彩纷呈。这让我想到了国内的综合实践课程，教师在实施过程中，总感觉困难重重。我在想，看了雷夫老师的课程，我们是不是会有所启发呢？开发课程，不在于你会不会，而在于你是否愿意想办法！世间并没有真正现成的课程让我们照搬照抄，但我们仍然能借鉴别人的经验，开发出适合自己学生的课程！



## 从存在主义的角度出发

有人说，教育学的终结是哲学。干国祥老师甚至更为直接地说：“哲学就是直接的教育哲学。”可见，教师读一些哲学类的书是多么重要！

最近，我认真阅读了威廉·巴雷特的《非理性的人》，这是一本有关存在主义哲学的书。本书中，“存在”是一个核心字眼。每个人都是一个真实而独特的存在个体。只是生活在混沌的环境中，我们一味遵循着惯性和规范行事，早已忽视了个体的存在，或者说，对于生命存在体的需求和感受，我们早就麻木了。这就是存在的异化问题，也是许多哲学家共同关注的问题。

随着读书的深入，“存在”这个词常会浮现于我的脑际。我常在想：我是一个怎样的存在？学生又是一个怎样的存在？怎样从存在主义的角度出发去进行教学？这无疑是每一位教师都应该思考和面对的问题。帕克·

帕尔默在《教学勇气——漫步教师心灵》这本书中，曾提出三个“不分离”，即与自己不分离、与学生不分离、与知识（学科）不分离。仔细分析便不难发现，帕尔默其实也是从存在的角度去思考的。那么，帕尔默提出的三个“不分离”是否可以理解为以下这三点呢？

1. 体悟自身的存在

对于自身的存在，也就是自身的完整问题，帕尔默曾做过详细的阐述，他说：“认识学生和学科主要依赖于关于自我的知识。当我不了解自我时，我就不了解我的学生是谁。我只会在我经受不了检验的生命的阴影中，透过重重的墨镜看学生——而且当我不能够清楚地了解学生时，我就不能够教好他们。当我还不了解自我时，我也不能够懂得我教的学科——不能够出神入化地在深层的、个人的意义上吃透学科。”可见，认识自我占据着更为突出的地位。那么，怎样才能感受到自己的存在呢？

（1）用非存在反衬存在

在哲学家看来，存在正是用非存在来衬托的。人只有处于死亡、孤独、痛楚等焦虑情绪中，才能真正意识到自己的存在。正如萨特提到的，在法西斯专制统治下，人们才感受到了自由的气息，因为在那种被压迫的境遇之下，人们毕竟还有说“不”的自由。哲学家们用一种极端的反衬，来昭示存在的意义。

《非理性的人》中，作者用整整一章介绍了海德格尔的思想。在提到死亡这一终极问题时，海德格尔比其他哲学家显得更深刻。他指出：“死亡的本真意义，即‘我要死’，并不是存在于这世上的一个外在的和公众的事实，而是我自己存在的一种内在可能性。这种可能性也不像道路的尽头，我总有一天会到达。只要我这样想，我就依然把死亡保持在自己身外的一定距离。问题的实质在于我随时都可能死，因此，死亡现在就是我的‘可能性’。”正是这段话突然使我震撼了。众所周知，每个人都会死，也就是说人都有必死性，这个道理大家都明白。但一个人如果仅仅认为自己将来某一日必死，并不意味着他感受到了自己的存在。人只有意识到自己每时每刻都有死的可能性，才能真正感受到自身的存在。的确，必死性是一个确定性事件，随时可能死却是随机性事件。这话说来虽有些恐怖，但的确是实情。

作者分析道："把死亡带进我们自己，虽然十分可怖，倒也是一种解放：它使我们从那可能席卷我们全部日常生活的、琐碎事务的奴役状态中解放出来，从而给我们展开本质的'筹划'，借此我们便能够使我们的生活成为仅属个人的、有意义的自己的生活。海德格尔把这种状况叫作'向死的自由'或'决断'。接受死亡，认为它随时随地都可能发生，这就透露了我们存在的彻底有限性。"

的确，如果每个人都能意识到这一点，将每一天都当作自己在这个世界上的最后一天，那么，我们的心情、想法及思路都将不同。现在，我更能理解干国祥老师的网络签名"歌唱着走向死亡"的深意了。他抱着"向死而生"的决心，潜心研究教育，不断朝向真理迈进，此精神真令人钦佩。

（2）不断朝向自身的完整发展

每个人都处在尚未完成的状态。从积极意义来看，每个人都在不断地超越自我，不断趋于完善的境地。尼采在《查拉图斯特拉如是说》中表达的主题是"人如何能够像凤凰那样，从自己的灰烬中再生？他如何能够真的变得健壮与完整？"凤凰涅槃，这事实上就涉及了个体的自身完整问题。但关于这个问题，萨特的描述显得更为具体。萨特将存在分为自在的存在和自为的存在两个基本类别。自在的存在是一件事物自足的存在；自为的存在与意识领域是同属一个范围的，而意识的本性在于它不断地超出自己。我们的思想超越它自己，走向明天和昨天，还走向世界的外部边缘。因此人的存在是一种不断自我超越的过程：在存在时，我们总是超出我们自己。可见，个体的存在始终是一个动态而开放的态势。通过选择自身完整，我们会变得更加完整，但完整并不意味着完美无瑕。通过不断朝向完整前进，"我"这个存在就变得更为强大和真实了。



在此，我们所说的"存在"，并不是指通常意义上的"活着"，它是一个清晰认识自己的人生价值并不断追寻自身完整的过程。只有感受到了自己的存在，我们才能体悟生存的意义。在这样的情绪场中，我们会自觉过滤掉很多无关因素，心无旁骛，朝向自己的理想前行。

2. 珍视学生的存在

站在存在主义的角度来观察学生，我们又该做何感想呢？怎样让学生成为他们自己呢？我们眼里看到的是铁板一块的学生群体，还是一个个活生生的存在个体？教师怎样才能真正意识到学生的存在呢？我在想，是不是至少要做到以下几个方面呢？

（1）尊重个体的独特性

众所周知，每个孩子都是鲜活的生命个体，他们来到学校时并不是一张白纸，生活环境在他们身上留下了清晰的烙印，因此，每个孩子都有着自身独特的经历。那么，我们该如何面对孩子学习中的这些个别化因素呢？从极端建构主义的角度看，一百个孩子就会有一百种建构方式。这种观点虽然有些夸张，但积极地肯定了个体的主观能动性，是不争的事实。只有尊重每个孩子的独特性，我们才可能感受到孩子的真实存在。

（2）遵循认知的规律性

在强调个体的主动建构时，我们当然也不能漠视孩子学习中很多规律性的特征。柯普兰的《儿童怎样学习数学——皮亚杰研究的教育含义》这本书，重点介绍了皮亚杰关于儿童学习数学的实验和思想，非常适合幼儿园教师和小学教师阅读。我在翻阅时，经常会发出这样的感慨："天哪！原来是这样的啊！"很多知识我们认为学生应该能够掌握，事实上学生根本就没达到那个发展水平，所以无法掌握。

例如，对于数概念的掌握，就并非我们想象得那么简单。儿童在发展数的概念之前，必须先掌握量的守恒原则。为什么会这样呢？皮亚杰指出，教师将会认识到，他们自认为正在教儿童的东西，实际上却并未在教，原因在于两方面：①儿童并未达到必要的发展阶段；②儿童需要更多的关于客观物体的经验，以便能从中抽象出数的概念，即使这些概念的产生已具有准备性。的确，如果儿童还没有经验和思维方面的准备，我们的教还是教吗？这跟灌输有何差异？只有珍视学生这一特殊的存在体，我们才会努力去遵循学生的认知规律。

（3）坚信发展的潜在性

每个学生都是未完成的人，都有着巨大的发展可能性！虽然学生的心智尚不健全，但我们不能抹杀他们寻求进步的心理趋向。我们要把学生看成活生生的人，细心呵护他们的信心和自尊心。我们不但要教给学生知识，更要给学生指出方向，同时还要不断培养和呵护学生的学习愿望。从多元智能的角度而言，每个人都有自己的特殊才能，那么，怎样才能发挥学生的某些才能呢？更进一步说，怎样用学生某一方面的优势来带动学生其他方面的进步呢？这都值得教育者进行深度思考。但不管怎样，教师对学生的信任一直起着关键性的作用。尼古拉·哈特曼在他的《伦理学》一书中说："信赖能产生创造力。一个人'相信别人能做到的事情就会真的去使其做到'。"他还归纳道："信赖能够改变人。"由此可见，我们绝不能低估教师信任的力量。如果教师能真正感受到学生这一真实的存在，他一定会在教育行为中倾注更多的关爱和信任，他会真诚地去影响、帮助学生，从而最终形成一个教育的良性循环。

当然，教师需要做的还有很多。但不管怎样，当我们从存在主义的角度，认真审视学生这个存在体时，我们眼前出现的就是一个个真实而丰富的生命个体。在这种情况下，我们更多考虑的是寻找学生生命的密码，促使学生全面而和谐地发展。当我们期望学生达到他所应该是的状态时，是不是会更珍视他们的独特个性和思维方式？这是否也意味着我们将逐渐走向学生的立场？



3. 洞察知识的存在

是否可以从存在主义的角度来看数学知识呢？这是我最近突然想到的话题。一个知识点，平时我们更多强调的是它是什么，而往往忽视它为什么是这样的。也就是说，这一知识是其所是的原因何在？为什么它一定要以这种方式，而非其他的形式存在？

例如，三角形有稳定性，很多教师通过拉三角形框架演示，都能得到这一结论。那么，为什么三角形具有稳定性呢？怎么会存在这样的现象呢？特级教师林良富的做法值得我们学习。在教学"三角形的认识"一课时，当学生通过举例初步认识了三角形的特征后，林老师出示了篮球的支架、空调的支架图，并问学生："为什么这些支架要做成三角形的呢？"学生认为：三角形有稳定性。林老师又问："你怎么知道三角形有稳定性的？"学生说："三角形不易拉动。"于是，林老师让学生上台拉三角形框架和平行四边形框架，得出结论：平行四边形容易变形，三角形不易变形。按照常规做法，这样就可以收场了，但林老师并没有就此作罢，他继续问："有没有想过，三角形为什么具有稳定性？"接着，林老师引导学生用小棒摆出一个三角形，问："想一想，用同样的小棒，能不能摆出不同的三角形？"在操作和观察中，学生发现：用三根小棒只能摆出一种三角形。林老师追问："如果给你四根小棒，你能摆出几个四边形？"学生通过操作发现：能摆出无数个。至此，林老师才小结道：用四根小棒可以摆无数个四边形，而用三根小棒只能摆一个三角形，这就证明三角形具有稳定性。这样处理，就凸显了三角形具有稳定性的存在依据。事实上，常规意义上的拉三角形是不够完善的，因为如果是塑料管做的三角形是可以变形的，也就无法证明三角形的稳定性了，而摆小棒从更深层次上解决了这个问题。可以这么说，林老师从存在的角度，揭示了三角形的这一特征。

如今，教师教学时，似乎更看重"术"，而很少考虑"道"。也就是说，教师更注重教学技术，而很少考虑为什么要这样做。例如，在"认识平均数"一课中，对于究竟什么是平均数，平均数有哪些重要特征，有的教师并没有很好地予以揭示。当教师让学生算出几个学生投篮的平均数是"7"时，并没有追问："这个 7 表示的是谁投的个数？"其实，平均数既不是张三的，也不是李四的，它表示的是一组数据的整体水平，这就是平均数的本质特征，即平均数的存在价值。又如，在"转化"一课中，是否真正体现出了转化的存在价值呢？对于某些题，转化和不转化有何不同？为什么一定要转化？这些问题，教师虽有所提及，但学生没有进行必要的反思，因此他们的体验还不够深刻。

当我们从存在主义的角度出发去关注学科和知识时，我们不会仅仅满足于它是什么，我们会追问：它为什么会是这样的？这一规律或特性为什么会存在？它的存在对我们的生活和学习到底有怎样的影响？从存在主义的角度出发，我们分析问题的视角是否会更深邃？揭示问题是否会更指向事物和现象的本质属性？

在各位存在主义大师中，海德格尔对我的影响最大。他对存在的阐述，一改以往的艰涩难懂，居然是那么具体可感！他对于时间的分析，也别具深意。作为一个存在体，我们更应该关注当下，用自己的亲身体验来阐释存在的价值和缘由。真正领悟了存在之后，我们就不会浪费生命，也不会用"垃圾知识"去填充学生的时间，更不会把那些鲜活的生命当成灌输的对象。师生在共同编织美好教育生活的过程中，生命将逐渐走向完整和充盈。

## 每节课，都与未来有关

吴非，原名王栋生，原是南京师范大学附属中学的一位特级教师，现已退休。他的文字见解独到，针砭时弊，鞭辟入里，那铮铮铁骨和忧患意识令人钦佩他的。他的《不跪着教书》《致青年教师》等书读来荡气回肠，让人受益颇多。

近日，我读了吴非老师的另一著作《课堂上究竟发生了什么》，这是关于课堂的思考笔记。毋庸置疑，课堂因其复杂性和生成性，教育者无论花多大功夫去关注和研究，都是远远不够的，甚至可以说，教学研究永无止境！吴非老师指出每节课都与未来有关。诚哉斯言！课堂是教育教学的主阵地，每个教育活动均由一节一节的课串联而成，正所谓“涓涓细流汇成江海”，每节课的作用都不可小觑！

吴非老师说：“如果每个老师都能在不同的阶段正确地‘教’，就能多给学生留下一些有用的东西。”那么，何谓正确地“教”？何谓“有用的东西”？在基础教育阶段，正确地“教”能为孩子的幸福人生奠基，这是大家熟知亦认同的观点。爱因斯坦也说过，忘掉了书本上的东西后，剩下的才是教育。那么，能否这样理解：“剩下的”即“有用的”！

开展适切的教育活动，教师要树立正确的人生观、世界观，因为教师的观念必然影响学生，其人格色彩也将涂在学生的精神底色上。因此，正确地“教”一定与“育”密不可分，它指向的是品格和素养，这样的课堂才与个体的未来息息相关。

课堂上究竟发生了什么？教师是否真的明白自己在做什么？如果不搞清这些问题，教师便无法树立正确的育人观。吴非老师指出：“中国教育最需要的是人道精神，要通过教育唤醒人、发展人。在这个过程中，最重要的，是教师的觉醒，教师有自省意识。教师首先应成为一个活生生的人，才有可能去唤醒别人，才可能面对生命的课堂，这样，‘教学’才可能发生。”的确，觉醒的教师，才可能用慧眼去分析课堂，真正关注学生的学，同时不断思考和改进自己教的行为。教育要立人，学生在课堂上的样态，可能就是他将来在社会上的样态。因此，课堂无小事，事事皆是教育的契机。怎样满足学生的期待？作业格式、课堂行为等如何规范？怎样对待课堂上的插话行为？学生为什么会当看客？……真实的课堂中会出现各种各样的问题，当我们真正关注这些鲜活的问题时，我们的教才能走上正确的轨道。

用什么去照亮课堂？这值得每位教师倾其一生去琢磨和研究。吴非老师寻思着、探索着，他认为，要让思考点亮课堂。虽然吴非老师写的都是随笔短论，但理想课堂的样态在这样的文字里渐渐清晰起来。他认为，上课时，教师一定要明白自己该讲什么、怎样讲，要引导学生掌握一定的思想方法，帮助学生培养良好的思维品质；教师要密切关注学生的思维和情感状态，通过引导、分析、探讨等手段，引领学生关注未知世界，激发他们的学习兴趣；教师要引领学生自主学习，让他们提出问题并探讨问题，让他们带着问题走出教室；教师要让学生经历一些冒险，增加他们的学习体验，发展其批判思维能力……在吴非老师看来，洋溢着思考、充满着个性的课堂，才是真实的课堂，也才是指向未来的学堂。

课堂如何坚守常识？怎样才能符合常理和常情？这是每个教育者必须直面的问题。如今，教育渐渐走入功利时代，吴非老师对此痛心疾首。有些领导和教师为了追求“特色”，把最起码的常识都丢了，吴非老师大声呼吁：“作为专业教师，应当有辨别能力，对自己的课堂要有自信，尊重学科的严肃性，始终与常识为友。”的确，呵护人性，培养学生良好的习惯和素养，这是常识，而且永不会过时。

每节课都与学生的习惯、素养有关，都关乎他们未来的命运和生活！作为教育者，每个人都应肩负起这份沉甸甸的责任。为未来而教，应该是每位教育者的永恒追求！

### 我们是彼此的乐章

《生命因你而动听》是一部讲述师生故事的影片，讲述了一个以音乐来呼唤心灵的故事，描述了一份长达三十年的激情与狂热，谱写了主人公贺伦动人的生命乐章。三十年的教学，让贺伦桃李满天下，赢得了无数学生的喜爱与尊敬；三十年的摸索与努力，让他坚信教师是自己唯一想从事的职业。在帮助学生、儿子等谱写“生命乐章”的同时，贺伦也成就了自己的“生命乐章”。教师与学生成为彼此的生命乐章，这是教育的最高境界。这一境界往往不是一蹴而就的，过程中充斥着踌躇、迷茫和辛酸。下面，就让我们来简单回顾一下贺伦从彷徨、觉醒到行动的转变过程。

1. 彷徨无措——书写自己的“音符”

贺伦曾是一个血气方刚的作曲家。他心怀远大的理想，一度坚信，只要给自己足够的时间和空间，自己就能写出流传千古的伟大作品。但是迫于现实生活的压力，贺伦在一所普通中学里谋到了一份音乐教师的工作。与大多数人的看法一样，贺伦曾天真地以为教师是个闲职，所以决定用四年的时间扩充财源，同时利用余暇作曲，从而实现自己的音乐梦想。

到学校上课的第一天，音乐基础极差的学生便给了贺伦一个令他难堪的“下马威”。而且，他们在弹奏乐器时不但走调，甚至连大名鼎鼎的古典作曲家巴赫都没有听说过，贺伦的信心遭到了极大的打击。当时的贺伦并没有意识到：音乐，是交流感情的语言。贺伦面对的是一群正值青春期的学生，他们天性好动，不愿受到束缚。学生对贺伦的态度，就如同他们对音乐及其他艺术的态度一样：戏谑、玩笑、嘲弄。这无疑令心猿意马地教着书的贺伦大为恼火。



刚开始，教师职业只是贺伦成就梦想的跳板。他真正的野心是在音乐领域开疆辟壤，建立自己的王国。所以，这时候的他对教书只是应付而已，正如校长批评的那样———学校里再也找不到一个教师或学生在放学铃声响起后比贺伦更快冲向停车场的。如此心态，上课时学生打瞌睡、班级测试一团糟也是必然的。

其实，当时的贺伦对于教育工作缺乏一种职业认同。对当前教师而言，这也是一个很普遍的现象。我自身也有此体验。从教之初，疲于应付喧闹的学生和烦琐的事务，浑浑噩噩，不知道自己会走向哪里。后来，在一些因素的触动下，开始想搞所谓的教科研，忙着读书、写文章，每有文章发表便沾沾自喜，以为自己戴着所谓荣誉的光环。至于自己的课堂是否有所改进，学生是否受益，我都不愿顾及，也无暇留意。虽然我也尝试着改变自己的教学方式，但因为没有真正去研究学生，所以我的课堂依然没有多大改观。也许，当时的我也跟贺伦一般，只想着成就自己的事业，专心致志地书写着自己的“音符”，在这个过程中，我与学生的距离却越来越远。在遭到各种挫折、打击时，我也经常会处于茫然无措的境地。

2. 倾注真情——奏响学生的“乐曲”

遭受校长批评后，灰心丧气的贺伦正准备放弃，可妻子怀孕了。生活的压力迫使他要保住这个“饭碗”。沉闷了几个月后，在妻子的劝慰下，贺伦开始反思和摸索，他把心思放到了音乐教育事业上。贺伦倾注真情，终于奏响了学生的生命“乐曲”。

贺伦试着以学生的兴趣——摇滚乐作为切入点，将具体的音乐知识融入弹奏的曲目中，以摆脱先前教学的抽象和无趣，激发学生的求知欲望。虽然学校校长和教师都认为摇滚乐是魔鬼之物，会扰乱学校的秩序，但贺伦坚信，只要能够引起学生的兴趣，就值得一试。实践证明，贺伦成功了。教学贝多芬的音乐时，在《命运交响曲》的伴奏下，贺伦饱含深情地讲述贝多芬失聪后执着地进行音乐创作的故事，既拓展了音乐的内涵，又极大地感染了学生。这些都让原本在纸上僵死的音符充满了生命的魅力，强有力地吸引着学生。



贺伦将情感注入音乐中。贺伦说：“我们都弄错了一件事，音乐并不仅仅是音符，它是有感情的，它能表现出生活的美好。”他的学生凌小姐，苦练三年单簧管但仍然无法很好地吹奏，自卑情绪笼罩在她的心头。凌小姐想放弃，但贺伦阻止了她，他利用课余时间单独指导她，发现凌小姐其实对乐谱已经非常熟悉，只是缺乏自信。于是他问她照镜子的时候最喜欢看自己的哪部分，答案是那一头金发，那是她的自信所在，因为她爸爸曾说她的金发就像美丽的晚霞。贺伦便移开她的乐谱，请她闭上眼睛，想象着吹奏出夕阳的感觉。试了几次之后，凌小姐终于成功了。这是凌小姐人生路上的重要转折点。在贺伦的帮助下，凌小组她找回了失落已久的自信，这也为她后来成为州长提供了可能性。



不论是课堂教学，还是课外辅导，贺伦都亲力亲为，为学生的进步不遗余力。贺伦沉浸其中，发现自己的时间完全被教学占据了。这时的贺伦已经明白，教师是没有余暇的，因为这份工作需要全身心地投入。校长退休时，送给贺伦一只挂表，还欣慰地说，贺伦是全校所有的教师中自己最喜爱的一个。从最初的批评提醒到后来的直言赞美，贺伦的付出赢得了校长的肯定。贺伦在教师这个平凡的岗位上做着不平凡的事，奏出了一曲曲动听的音乐。

3. 渐入佳境——成为彼此的“乐章”

被迫改变生命航向并不一定都是坏事，有时还可能因此发现一片新大陆。贺伦没有如自己所预期的那样成为一名伟大的作曲家，而是在非自愿选择的教师行业中，度过了一生中最宝贵的三十年。在这个过程中，贺伦至少有三种身份：教师、丈夫、父亲。贺伦的学生在他和他的音乐影响下，知道了什么是美好，什么是听从内心的要求，他们的生命因此而缤纷绚烂或平静坦然；他的妻子因为贺伦而延续了自己对音乐的热爱和对音乐教师的爱；天生失聪的儿子虽然从来都听不到贺伦的音乐，可是他为有这样一个父亲而骄傲。

在影片结束时，当年那个吹不好单簧管，而今已成为州长的凌小姐深情地诉说：“贺伦老师对我的一生有深远影响，对我们许多人的一生亦然。……他没有发达，也没有成名，所以他或许会以为自己很失败，但他错了，因为我认为……他的成功比功成名就更甚。环顾你四周的人吧，这里没一个人不曾受你影响，全因为你，我们都成了更好的人。我们是你的交响队，我们是你作品的音符和旋律，我们是你生命的乐章!”这真是令人感动的时刻！这是一名教师得到的最高的荣誉！同样，贺伦的妻子和儿子也成了他的乐章。反过来说，贺伦也是他的学生、妻子和儿子的乐章。纵然，贺伦一直未能成为他梦想的那种人，但是有什么能比用生命谱写的乐章更不朽和伟大呢?

品味着这部电影，我的心中涌起很多感动。那天，在开会时，有一位教师说：“我突然很想念学生!”这句话也颇让我震动。凭直觉我知道，这一定是一名好老师！试问，一名教师的成功应该体现在哪里？有教师因为自己的普通而自惭形秽，因为按照世俗的观点，担当行政职务才是教师成功的体现。现在看来，这多荒谬啊！我认为，一名真正卓越的教师绝不在于他著了多少本书、获了多少次奖、当了多大的官，而在于他教出了多少优秀的学生。在培养出优秀学生的同时，教师自己也必将走向卓越。

第斯多惠说过，教育就是一种激励、鼓舞、唤醒。的确，生命是可以彼此交换、彼此影响的。这些生命的乐章，正是因为彼此的存在和交融，才变得无比动听。什么时候，我们和学生才能成为彼此生命的乐章呢？这条路虽然走起来会很艰难，但有了领导、同事、家人、朋友的帮助和陪伴，我想我一定会坚定不移地走下去，即便远处没有鲜花和掌声，那又有什么关系呢？

## 教师依靠学生获得什么

以往，很多人都习惯将教师比作“春蚕”“红烛”等，这些称谓对教师身份有了明晰的定位。然而，在此背景下，教师角色充满了悲情色彩。在世人看来，教师就该甘于清贫，一味付出，不求回报。陶行知曾说：“捧着一颗心来，不带半根草去。”这份无私奉献、至真无我的境界，令人敬佩。那么，教师在付出的同时，难道就没有得到任何回报吗？事实上，教师可以依靠学生获得什么呢？读着帕克·帕尔默《教学勇气——漫步教师心灵》这本书，我不停地求索；随着阅读的深入，有一天，我终于豁然开朗。

分享学识的快乐。“面对来自年轻人的肤浅评判，教师必须面向学生而不是掉头离开他们，实质上是说：‘我们之间存在很大的代沟，但是不管这沟有多宽多险，我都有责任跨过去——不仅因为你们在成长道路上需要我的帮助，而且我也需要你们的洞察力与活力来帮助我更新我自己的生命。’”也就是说，帕尔默认为师生之间的交往应该是一种双赢行为，教师与学生应该相互扶持、相互帮助。互联网时代的课堂，教师再也不是资源的霸占者，师生资源的畅通和共享对于提高教育教学效率起着至关重要的作用。有人说，教学是一种相互雕琢的过程。学生进步的同时，教师自身也在成长。唯有依赖学生，教师的教育生命才会更加精彩！

体验充实的过程。帕尔默认为，好的教学是对学生的一种亲切款待，而亲切的款待经常是主人比客人受益更多的行为。关于“款待”，帕尔默举了一个例子：一个人为陌生人提供事物和住所，他就储备了一种希望，因为有朝一日，他本人也会在他人那里获益。因此，帕尔默说：“教师对学生的亲切款待产生一个更亲切地款待教师的世界。”在一个民主而平等的氛围中，教师与学生共同探讨学习问题，学生学得愉快而主动，教师教得轻松而自在，这是怎样一幅“乐学图”啊！课堂上，教师不仅在学识方面有收获，在精神层面也有收获，如过程的体验、充实的快感等。

遭遇丰富的遇见。在学校里，教育者无数次与学生相遇，相遇组成了生命的重要组成部分。帕尔默说：“教学中令人高兴的事情之一是它提供给我们的不断与年轻人相遇的机会，但是任何在最后的带给我们幸福的东西可能最初都像个祸害！如果我们明白了我们会像学生害怕我们一样害怕他们，我们会更有可能走过灾祸到达幸福……”如果这种相遇是愉悦的，那么教育者的教育生活就会是高质量的。有些教师因为学生的种种问题而出现了抱怨、牢骚情绪，在喋喋不休中，教师处理问题就容易简单而粗暴，从而使自己陷入一种恶性循环之中，越陷越深，不能自拔。其实，教师要经常追问自己：“你有没有走进学生的内心世界？难道这些问题没有更好的解决方法了吗?”带着对生命的宽容和纳悦，师生的相遇才能走向欢愉。

教师无须做一个悲壮的殉道者，不妨追问：“教师能依靠学生获得什么?”以这样的思维、视角，教育者会重新审视自己的内心和需求，当再次走向学生时，思维方法便会发生变化——变得更理性，更切合学生的特性和需求。在这个过程中，师生关系、教育方式等都在发生变化。也许一开始是微小的、不足挂齿的变化，但时间久了，效果可能就会变得明显，教育也会渐渐进入良性循环的润泽境界。



## 教学险境的存在意义

《马卡连柯教育文集》思想精深、内涵丰富，品读这本书，汲取其中的养分，不觉坚定了我前行的脚步。马卡连柯曾多次阐述这样的观点：“我的基本原则永远是尽量多地要求一个人，同时也要尽可能多地尊重他。”马卡连柯还数次提到教育中的冒险问题。他称，“如果来问实际从事教育工作的我——教导着好几十个生龙活虎学生的我，那我就回答说：‘必然要冒险的，因为拒绝冒险，那就等于拒绝创造’”。在教育教学中，教师和所有其他工作人员一样，也必须勇敢地采取行动，甚至要采取冒险行动。

险境，为即时生成提供了可能。教学中存在着“安全”和“危险”两种元素。如果教师按部就班、谨小慎微地进行教学，整个教学进程便在教师全盘掌控中，这时教师显然处于安全状态。那么，在教学中，教师何时会将自己置身险境？教学中的险境又意味着什么？当教学设计有了一定开放度时，教学中的不确定因素便会增加，危险也会随之而来。但这样的险境，为学生的即时生成提供了可能。

那次，我公开展示了“用数对确定位置”这一教学内容。一下课，就有人向我表示了赞许，但我还是清楚地意识到了课上存在的问题，那一惊险的场景让我印象深刻，虽然当时勉强化险为夷了，但过后反思，感觉还是比较牵强，真是心有余悸！

那节课上，学生学会用“第几列第几行”确定位置后，我顺便让学生帮我记录几个位置，我故意报得很快，学生自然来不及记录。在这种情况下，我引导学生发现，这种记录方法太麻烦了，于是就放手让学生将这种方法进行简化。当时，我是以“第 3 列第 2 行”为例的。学生在创造简便写法时，我在教室中巡视，发现有学生写成“3 列 2 行”“三……二”，我指名让这几位学生上讲台板书。接着我发扬民主精神，让有不同写法的学生自己上讲台板书。

一时间，好几个学生冲到黑板前去板书。学生的想法还挺多的，除了上述两种，还有“32”“3 竖 2 横”等。我引导学生观察时，突然发现了一种奇特的表示方法——C2！乍一看到这种方法，我愣住了。但我故作镇定地问这个学生：“你是怎么想的？”那个学生说：“C 表示 3！”我追问道：“哦，但其他同学不知道 C 表示 3 啊！你能不能来改一下呢？”这话看似尊重他，其实却已否定了他。当时，我心里特别着急，因为接下来，我想让学生找找这几种方法的共同之处，而那个学生的写法已经打破了我的计划。令人庆幸的是，那个学生走上前来，犹豫了一会儿，就将“C2”改成了“3a2b”，其中，a 表示列，b 表示行。这虽然出乎我的意料，但总算得以继续下面的教学了……

现在想来，我未经审查就让学生上讲台去板书，这种做法事实上已将自己置于一个极其危险的境地了。天知道学生会写出什么东西来！平时，在听课时，我看到有的教师也是在巡视一圈后，自己便在黑板上写下六七种所谓学生的做法。这样做，相对会比较安全。当时，我怎么会那么大胆呢？可能因为课桌太挤，我无法一一巡视到。试教时，我都是有选择地让学生上前板书的。也许，潜意识里，我认为学生不会有太多“另类”的写法吧！后来，同事提醒我：那个学生的“C2”其实也有道理，在英文字母中，C 的确是第三个啊！但当时，我只想到 C 可以表示任意数，我那样的应对确实不够高明。

马卡连柯说：“没有冒险的行为是最可怕的一种冒险。”品味着这句话，我再次陷入沉思。课堂中，当我们将自己置身于险境时，会出现怎样的状况呢？也许会出现更多不可掌控的因素，那对我们来说是一个极大的考验。对学生来说，险境却是一个适宜创造力生长的环境。在某种程度，我真得感谢这样的险境，因为它让我看到了学生更新颖的方法。

## 同呼吸方能共成长



几年前，我就跟随新教育读书团队一起读过佐藤学的《静悄悄的革命——创造活动、合作、反思的综合学习课程》。此次再度翻阅，依然收获颇丰。为什么佐藤学的影响力会这么大？国内外，研究教学改革的教授学者何其多，为什么他的思想经久不衰？这是最近一直盘旋于我脑际的疑问。再次细读这本书时，我突然明白了，佐藤学虽是大学教授，但每周都要去学校访问并进行课堂观察，所以对基层学校的问题和困境均有着深入的了解。可以这么说，他是一个理论创建者，更是一个实践指导者。而作为一个教育理论者，只有与学校师生同呼吸，才能实现共成长。

课堂需要息息相通。作为研究者，佐藤学深知，沉浸于课堂，与课堂同呼吸，才能发现鲜活的课堂问题。他提出的很多问题都源于他的亲身观察，因此都能切中要害。例如，他抨击了教学中的“主体性神话”这一倾向，这种“主体性神话”现象不正是我们司空见惯的吗？近年来，儒家文化圈国家重视学生的“需要、远望、态度”的“新学历观”，重视让学生自主设定课题、主动探索、自己解决问题的“自我学习”形式等，这些均被树立为理想的教学形态。就我国而言，新课程改革以来，看似多了很多新名词，但教学中的形式主义泛滥成灾，课堂变得热闹了，但学生的思维和素养有多少提高呢？师生走得很累，却离教学的本质越来越远。佐藤学对此痛心疾首，他认为，这种将学习窄化为个人主义性质的行为，扭曲了学习的本意。的确，教学是由学生、教师、教材、学习环境四个要素组成的，学习只有在与教师、教材、学生、环境的相互关系中，才能够得以生成、发展。

在佐藤学看来，“润泽的教室”是理想的课堂样态。教学改革中，我们应当追求的不是“发言热闹的教室”，而是“用心地互相倾听的教室”，因为倾听远比发言更重要。他指出，应以“应对”为中心的学习和教学来超越“主体性神话”，只有相互学习的课堂才是息息相通的课堂。例如，蒲公英课程的实施，是源于原田老师班中一个孩子带来了一株蒲公英，于是，一系列关于蒲公英的学习自然展开。有孩子发表了关于蒲公英的调查结果，有孩子写了关于蒲公英的作文，甚至有家长一起参与寻找蒲公英的活动……课程的开展源于学生，在教师和家长的支持下，又不断走向深入。这些蒲公英不是杂草，而是学生、家长和教师息息相通的交往的结晶啊！



师生需要心意相通。作为观课者，我们要深入课堂之中，既关注教师的教，又关注学生的学。观课者要尽量做到与师生心意相通，才能为师生更好地服务。同样，在润泽的教室中，教师要善于倾听每个学生的发言，巧妙地进行应对。把自己放在学生的位置上，与学生同呼吸，才能做到与学生心意相通。在以“应对”为中心的课堂上，倾听是基础，教师要做到与每一个学生展开对话，而不能将之看成铁板一块的学生群体。



## 寻找解题的良方

数学家笛卡尔始终梦想着找到解题的万能钥匙，却未能如愿。在这个世界上，没有包治百病的药方，对解题而言同样如此。那么，这是否意味着，解题中就没有规律可循了呢？非也！波利亚的《怎样解题》一书就试图揭示解题的常识和技巧。他对解题的各个方面做了细致入微的分析，考虑问题也比前人更为周全，读之令人茅塞顿开。

无疑，解题本身就是一个复杂的探索性活动，它需要经验、技巧，更需要智慧（灵感）。波利亚将解题建立在探索这一基调上，显然是极为明智的。他所设想的《探索法小词典》中的词条共有六十七条之多。这些词条对于解题者来说，极具启示意义。但仔细品读后，我心中不免生出些许疑窦：那么多的词条，是否有重复叠加的嫌疑呢？能否使之更系统化呢？读一本书，在咀其精华的同时，如能对其进行重构，似乎更有意义。仔细分析便会发现，六十七个词条中，有三十多个涉及解题的具体过程。如果按照解题的过程将这些小词条稍作梳理，思路是否会更清晰呢？我认为，一个具体的解题过程主要包括以下几个步骤。

1. 洞察题目本意

解题过程中，审题处于至关重要的地位。如果题意参悟不清，或误解了题意，那后续的一系列解题行为都将是徒劳的。在审题方面，我们经常犯的毛病是急躁冒进和麻痹大意。拿到题目后，我们往往大致了解题目意思后就急着解题，然而有时可能会离题万里。要真正洞察题目的本真含义，我们至少要做到以下两点。

（1）理清条件



在一个题目中，总会有一些已知条件，也会有一些间接的未知条件。拿到题目后，首先映入眼帘的总是条件。在此，除了细致地审视这些条件外，波利亚还教导我们要进行相关的思考，如“条件有可能满足吗”“你能从已知数据导出某些有用的东西吗”“把条件的各个部分分开”……这些词条甚为绝妙，已然将我们的视线引向了条件的背后。一般而言，每个条件都暗示着一些问题，会露出一些蛛丝马迹（当然，多余条件除外）。如何透过现象看到其中的本质？怎样筛选出条件中有益的成分？怎样将条件进行分解和组合？随着对这些问题的追问，波利亚显然已探寻到了梳理条件的真谛。

（2）审视问题

在分析条件后，我们便要将目光锁定于问题。因为理解了问题的本意，有助于我们确立解题的最终目标。解题时，如果我们连目标都没弄清楚，便有可能随着解题活动的逐渐深入迷失方向。因此，一个明确的问题，就像一个导航仪一般，能指引着我们不断向前走。当然，审视问题并不意味着只是将问题烂熟于心，读问题也是有技巧的。波利亚是深谙此道的，他提出了这样一些词条："观察未知量""未知数是什么""你以前见过它吗""这里有一个与你的问题有关且早已解决的问题""你知道一个与此有关的问题吗""你能重新叙述这个问题吗"等。显然，这些词条足以将我们的思绪引向深处。我认为，未知量或未知数也可看成问题的代名词。不管如何，读问题时，我们要摆脱一种机械视角，尽量将问题盘活。读问题时，我们应该思考：这些问题是我们熟知的吗？我们是否有相关的解题经验？如果能调动相关的解题经验，那么解题就能事半功倍。在反复思量中，我们便能更深入地理解问题的真正含义。

另外，波利亚在词条"实际问题"中指出，解决真正的实际问题会比解决纯粹的数学问题更难。我非常认同这一观点。因为数学问题有一定的纯粹性，它已然成为某种模型，生活中的实际问题却被一些现象遮蔽着，要找出其中的各类数量关系，确实并非易事。

2. 探寻解题思路

洞察了题目本意之后，我们便要开始寻找解题思路。一个清晰的思路，是解题必不可少的。思路是解题的一个线索，有了这样的线索，我们的行动便有了计划性，不至于陷入茫然无措的境地。对于一道复杂题而言，这种思路设计更为关键。如果没有思路，我们便会觉得束手无策，不知该从何处入手。因此，寻找思路便成了解题的关键。在我看来，寻找思路大致需经历以下的过程。

(1) 变化问题

波利亚指出："'变化问题'对我们的工作是必要的。我们变化问题可以通过'分解与重新组合'其元素，或通过回到某些术语的'定义'去，我们也可以利用有力的办法：'普遍化，特殊化和类比'。"的确，当我们面对一个新问题时，我们必须学会将其进行变化，因为变化往往会给解题带来新的转机。在波利亚看来，变化问题的方式主要有类比、分解与重新组合、普遍化、特殊化等。这些方法均能打开我们的视野，让我们不拘泥于题目本身。变化问题，无疑是激发创造性思维的有效方式。波利亚用数个词条叙述了变化的方式方法，在词条"问题的变化"中，他还专门阐述了问题变化的意义和重要性。足见，波利亚已深谙变化的魅力。

(2) 触发灵感

变化问题往往会触发我们解题的灵感。正如波利亚所言："变化问题可能会把我们引导到采用'辅助元素'，或发现一个更好着手的'辅助问题'。"因此，变化问题是形成灵感的一个绝妙途径。当然，触发灵感绝不仅仅局限于这一种方式。因为解题是一种创造性思维活动，因此灵感的产生也不拘一格。灵感的产生，需要灵活的方式，更需要我们的智慧，以及坚持不懈的努力。有时，在苦思冥想之后，突然会有豁然开朗的一刻。可以这样说，灵感爆发之时，便是解题思路拓展的时刻。

(3) 提出猜想

在产生灵感后，我们便可提出某些猜想。在寻找解题思路的过程中，大胆的猜想具有极其重要的作用。因为猜想能打开我们的视野，使我们的思路更开阔。既然是猜想，便很有可能是错误的，但即便如此，在检验错误的过程中，我们也会获得某种启示，至少，错误的猜想能指出某些思路的不可行性。因此，在解题时，我们不妨进行各种猜想，它也是产生灵感的源泉。



(4) 设计方案

形成初步思路后，我们便可以着手准备设计方案了。对于难题而言，制订一个好的方案至关重要。那么，怎样设计方案呢？对这一点，波利亚的相关词条有"画张图""建立方程""倒着干"等。对于解数学题而言，画图（包括线段图、草图等）显然是上佳的选择，因为画图能使我们更精确地把握题目的本意，同时在画图过程中，我们的思路也形成了。苏霍姆林斯基就非常强调将应用题画出来，他通过实验发现，学会画图为学生解题带来了极大的帮助。当然，寻找数量之间的关系，建立适当的方程，也是一种很好的解题思路，因为方程思路具有一定的普遍性，能扫除解题的某些障碍。另外，在某种情况下，运用逆向思维，即"倒着干"，也是一种不错的思路。

当然，设计方案的方法绝不仅限于以上几种，只要能体现思路，我们便不该拘泥于形式，哪怕只是几个符号、图形，或寥寥数笔，只要能将思路表示清楚就可以了。

3. 实施解题计划

有了解题思路之后，我们便进入了具体的思路落实阶段。有了思路，并不意味着一定能成功，因为对难题、杂题而言，解题往往不是一蹴而就的，解题过程会变得纷繁复杂、一波三折。因此，在解题时，我们需要有强大的信念力量作为支撑，正如波利亚提出的“决心，希望，成功”这一词条。显然，只有具备坚定的信心和毅力，才能走向成功的彼岸。我认为，实施解题计划大致需经过以下几个阶段。

（1）检验猜测

波利亚指出，你必须猜测，但也要检验你的猜测。因此，他提出了“检验你的猜测”这一词条。由此可见验证猜测对于解题的重要性。因为即便是经过深思熟虑的解题思路，说到底，也只能算是一种猜测。是否真正可行，需要我们用实践来检验。

解题的过程是一个不断推进的历程。有时，也许我们拿着笔和纸，挖空心思琢磨了很久，却可能毫无进展。于是，我们在睡眠中或做其他事时，还在进行着一种潜意识的解题活动，因此波利亚提出了“潜意识的动作”这一词条。俗话说“日有所思，夜有所梦”，当真正投入解题活动之中时，我们便有可能达到这样一种境界。



（2）关注进展

在解题过程中，我们可能会以“小碎步”缓缓前进，有时却又会突飞猛进。那么，趋向解答的进展是什么？波利亚指出：“进一步动员与组织我们的知识，改进我们对问题的理解，增加我们对构造最终论证的步骤的预见性，这些都是进展。向求解的突然进展称为‘好念头’‘妙主意’‘巧想法’‘灵机一动’。”可见，发现了已知条件和问题之间的联系，或对解题有了更多的预见，都是进展的表现。解题时，我们要用心关注解题的进展。任何一个进展，哪怕是极其细微的进展，都将给我们带来信心和动力。这其中的道理，波利亚在词条“进展与成就”中有详细论述。



那么，进展的标志有何作用呢？波利亚在“进展的标志”这一词条中提到：“标志可以指导我们的行动。不出现标志时可以警告我们别陷入死胡同，从而省去我们的光阴和徒劳的努力；出现标志时可以促使我们集中精力于正确的一点。”波利亚深知标志的重要性，他用浅显的语言告诫我们，要时刻关注进展的标志，那样就能避免做很多无用功。解题时，如果我们总是用一种整体的视野去观察条件和问题，便能找到新的进展和标志，这些新认识和新想法将是我们解题的不竭动力。

（3）寻求变通

解题的过程往往不是一帆风顺的。因此，在实施解题计划时，常常需要我们进行灵活的改进和变通。波利亚在词条“拘泥与变通”中指出，“应用规则要得心应手，运用自如；并且注意到规则所适用的场合，有选择、有批判地加以应用；不为规则的词句而迷失本意，或本末倒置或坐失良机”，这就是变通。可见，对于原则或技巧，我们要灵活地加以选用，不能拘泥于形式。对于解题中出现的问题，我们不能按照某种刻板的习惯，不加选择地提出问题和给出建议。因为解题是一个艰苦而又令人兴奋的工作，对于下一步该怎么走，我们要学会判断和选择，每一步的走法都要经过深思熟虑。只有这样，我们才可能实现自己的解题计划。波利亚在“实现”这一词条中，阐述了解题成功后的状态。

4. 反思解题优劣

也许，历尽千辛万苦之后，我们解答出了某个数学问题。但是先别忙着庆贺，波利亚想得更为深远，他又提出了这样一些词条：“你能检验这个结果吗”“你能利用这个结果吗”“你能用不同的方式导出这一结果吗”等。可见，得出一个题目的答案，并不意味着解题的结束，我们还需要进行检验和反思。解答的正确与否，需要我们进行严密的检验，如果检验无误，才能证明我们解答正确。



同时，对于得出的结论，我们仍要进一步思考：我能用不同方法得出这一结果吗？如果能通过其他方法进行解答，一方面是检验，另一方面也是思维的拓展。当然，我们还可以追问：这一结论对于解决其他问题有什么作用？这就将方法和思想进行了推广。解题时，如果我们将注意力集中于某一类问题，而不仅仅是某一个问题，我们的解题视野就会更开阔。恰当的反思，把我们的解题活动推向了一个更高的境界。

我们深知，解任何数学问题都没有万能钥匙，但这并不能阻止我们去寻找解题的良方。对此，波利亚已经为我们指明了正确的方向，余下的路只能靠我们自己走下去。

值得说明的是，以上只是我梳理的有关具体解题过程的一部分词条，波利亚的其他探索法词条还包括以下内容：①关于方法论问题的词条，如

"帕扑斯""归谬法与间接证明""归纳与数学归纳法""建立方程""量纲检验"及"为什么要证明";②有些词条和教师关系特别大,如"代公式问题""诊断",还有其他一些则与更富有雄心壮志的学生有关,如"聪明的解题者""聪明的读者"和"未来的数学家";③关于论题历史与专业术语的词条,如"笛卡尔""莱布尼兹""波尔查诺""探索法""新老术语""帕扑斯"。另外,还有少量几条条文解释了专业术语,如"条件""推论""引理"。

当然,余下的探索法词条虽不直接指向解题的具体过程,但对我们的数学教学仍起着重要作用。如果说前面词条更多介绍的是具体技巧,那么后面这些词条就侧重于思想和方法论了。有了这些思想和方法论的积淀,我们探寻解题良方的路会越走越通畅。

## 第二节 活在当下,对生命心存敬畏



剑桥大学教授埃克哈特·托利在《当下的力量》一书中写道:"我们忘不掉过去,更担心未来。但实际上,我们只能活在当下,活在此时此刻,所有的一切都是在当下发生的,而过去和未来只是一个无意义的时间概念。通过向当下的臣服,你才能找到真正的力量,找到获得平和与宁静的入口。在那里,我们能找到真正的欢乐,拥抱真正的自我。"



的确,当我们活在当下,就没有过去拖在我们后面,也没有未来拉着我们往前,我们的全部能量都集中在这一时刻,生命就会具有一种强烈的张力。有这样一个意味隽永的故事。有个小和尚,每天早上负责清扫寺院里的落叶。清晨起床扫落叶实在是一件苦差事,尤其在秋冬之际,每一次起风时,落叶总随风飞舞,每天早上都需要花费许多时间才能清扫完,这让小和尚头痛不已。他一直想要找个好办法让自己轻松些。后来,另一个和尚提醒他:"你在明天打扫之前先用力摇树,把树叶统统摇下来,后天就可以不用扫落叶了。"小和尚觉得这是个好办法,隔天,他起了个大早,使劲地摇树,他以为这样就可以把落叶一次扫干净了。这一整天,小和尚都非常开心。第二天,小和尚到院子里一看,不禁傻眼了。院子里如往日一样满地落叶。老和尚走了过来，对小和尚说："傻孩子，无论你今天怎么用力，明天的落叶还是会飘下来。"小和尚终于明白了，世上有很多事是无法提前的，唯有认真地活在当下，才是最真实的人生态度。

智者常劝世人要"活在当下"。到底什么叫作"当下"？简单地说，"当下"指的就是你现在正在做的事、待的地方、周围一起工作和生活的人；"活在当下"就是指你要把关注的焦点集中在这些人、事、物上面，全心全意地去接纳、品尝、投入和体验这一切。对"当下"而言，"过去"和"未来"是人类语言里最危险的两个词。生活在当下，即生活在过去和未来之间，就好像走在一条绳索上，它的两边都有危险。但是一旦你尝到了"当下"的甜蜜，你就不会去顾虑那些危险；一旦你跟生命保持同一步调，其他的就无关紧要了。假若你时刻都将力气耗费在未知的未来，却对眼前的一切视若无睹，你永远也不会得到快乐。一位作家这样说过："当你存心去找快乐的时候，往往找不到，唯有让自己活在'现在'，全神贯注于周围的事物，快乐便会不请自来。"或许人生的意义，不过是嗅嗅身旁每一朵绚丽的花，享受一路走来的点点滴滴而已。毕竟，昨日已成历史，明日尚不可知，只有今日才是上天赐予给我们的最好的礼物。用平常的心对待每一天，用感恩的心对待当下的生活，我们才能真正理解生命的真谛。



## 坚持的力量

2013年，我经历了一些事，看透的同时也看淡了很多。现在想来，自认为刻骨铭心的痛楚，在旁人看来，或者自己过段时间再回顾，也不过尔尔。这一年，因种种原因，我"被迫"参加了高等几何的自学考试，而且居然考过了。

考过高等几何，固然是一种幸事，但它的意义并不仅在于此。在很多人看来，高等几何似乎是一座难以逾越的山，而基础薄弱的我，居然通过了！这期间的经历，很有励志的意味，它再次证明了"功夫不负有心人"。啃读高等几何的经历，带给我的精神财富是巨大的。它让我知道了坚持的可贵。在学习的过程中，有很多次，我流着泪想放弃，因为很多题实在解不出，儿子始终鼓励我："你先把前面会的熟悉一下，慢慢地再做后面的。"南京师范大学的周兴和教授在给我的信中说，高等几何没有想象中那么难，他也是通过自学攻下来的。这些话语都给我了无穷的信心，我最终选择了坚持。

同时，南京师范大学的陈二才教授也给了我很大帮助。我第一次发邮件给他，他就回复说，愿意为我提供我需要的任何帮助。当时，我真是欣喜莫名，因为身在绝境中突然看到了曙光。后来，他亲自为我授课，第一次虽然没有讲解具体题目，但他帮我理出了重难点，指明了努力方向。他说，只要会做所有类型的计算题，基本就能及格了。这些话为我指明了方向，也增强了我学习的信心。第二次，他为我讲解了一些证明题，不厌其烦地解释，使我弄懂了一些最基本的题目。作为博士生导师，他非常繁忙，在这种情况下还能抽空为我讲课，我真的非常感动。

假期中，我除了看周兴和教授的教学录像外，读大一的侄女也给了我很大帮助。她学理科，基础比我好很多，她先自学，把题解答出来，再一步一步教我。因为高等几何题实在太难，我们进展得很慢，直到 8 月底她返校时，对第四章内容的学习还没完全结束。我心里很焦急，后来的一些题目，侄女都是写在纸上拍了照片传给我的。

开学后，我的工作特别忙，有时还要加夜班，只能抽空解题。那段时间，因为压力大，我常常很早就醒来，晚上也睡得比较晚。我感觉自己一直沉浸在题海中，几乎得了强迫症。临近考试前夕，我还有很多题目不会解答，经常发邮件给周兴和教授。他每次都及时地进行回复，讲解细致，以至于有些题目我居然能看懂了。每看懂一道题，我都特别开心，这也算是一种成功的体验吧！

经历过这次考试，我突然发现，原来很烦很怕的事，现在居然变得稀松平常了。比如，教导主任和教科主任的工作，这是双重压力，很繁杂琐碎，我却耐着性子坚持了下来。因为内心变得强大和乐观，我虽然忙，但不乱，也不烦躁。又如，关于备学的教学改革实验，虽然领导并不看好，但我还是坚持在做。再如，我坚持练习瑜伽。原本我也参与过一些健身活动，但从来都是虎头蛇尾，这次却坚持了下来，以后还会继续。这样的例子还有很多，这都是学习高等几何的经历赐予我的。

生活中很多时候，我们都处于参照中，在高等几何学习经历的映衬下，其他事情似乎变得简单了。这是一次难忘而可贵的经历，虽然我付出了很多，但我的所获也是极为丰富的。

有人说："人生是一段旅程，重要的不是终点，终点只是一抔黄土，重要的是沿路的风景，那才是人生的意义。不管人生的路上风景如何，我们的生命一直在路上默默地修行。风一程，雨一程，人生一程又一程……"在我现在看来，评什么、当什么已不重要，最重要的是，我拥有了一种极为丰富的生命体验。

有一首诗曾说："没有什么能比得上坚持，聪明不能，才能也不能。"学习高等几何的过程，让我真正感受到了坚持的力量。

## 只要你还嫩绿

如今，能让人感到震撼的课已不多。那天，听了陆老师的课，我竟然被震撼了。她的进步太大了！跟第一次的亮相课相比，简直有天壤之别。按说，她也是个"奔四"的人了，在一般人眼里，还能有多大的发展空间呢？听课之后，我非常感慨，在本子上写了这样一句话："谁说中年教师不能进步呢？谁说中年教师不需要打磨课堂呢？"事实上，对学习而言，年龄根本就不是问题。只要你愿意学习，你一定会有收获！当然，这种收获有些是显性的，有些则是隐性的。但不管怎样，这种学习一定会让你的生命逐渐走向丰盈。



陆老师的这节课，让我对她刮目相看。原来的她，上课时谨小慎微，学生的思维空间比较小，她牵引得比较多，而且，她也缺少激情。而这次考核课，她简直像换了一个人一样。课堂有着很大的自由空间，教学语言也比较有激情，更可贵的是，她一直在引导学生提出问题，甚至向学生渗透了这样的观点："提出一个问题，比解决一个问题更重要！"

陆老师执教的是"小数的意义和读写法"一课。上课伊始，陆老师就问学生："今天，我们又要来学小数，爱思考的你，在想些什么呢？"学生提出了这样的问题："现在的小数知识跟原来的小数知识相比有什么不一样？""现在的小数知识跟以前的小数知识相比是不是难度不一样了？"这样，就做到了让学生带着问题去学习新知识。

当研究了“把 1 米平均分成 10 份，其中的一份是 0.1 米”，以及“把把 1 米平均分成 100 份，其中的一份是 0.01 米”之后，她问学生：“接下来，你想到了什么？”有学生问：“会不会有三位小数？”还有学生说：“把 100 份的一份再平均分成 10 份。”

做了“试一试”的练习之后，她又鼓励学生提问。以下是“试一试”的练习题。

6 角是 1 元的（　　），写成小数是（　　）元。

6 角 5 分是 1 元的（　　），写成小数是（　　）元。

18 厘米是 1 米的（　　），写成小数是（　　）米。

18 毫米是 1 米的（　　），写成小数是（　　）米。

一开始，学生不会提问，她就引导着学生提问。陆老师问：“6 角写成小数是一位小数，6 角 5 分写成小数是两位小数吗？”学生回答了这个问题后，接下来自然会提问了。他们问道：“为什么 18 厘米写成小数是两位小数，而且 8 毫米写成小数是三位小数呢？”这样，学生就从不会提问到学会了提问。

一名教师能有这样的引导学生质疑的意识，并精心引导学生去提问，真是难能可贵。另外，陆老师还鼓励学生自己出题、自主练习，学生的学习空间非常大。整节课，学生始终保持着一种良好的学习状态。这样的课堂无疑是高效的。

我在想，对学习而言，态度决定一切！当然，谦虚的姿态也是必不可少的，因为只有谦虚的人，才能吸纳到更多的观念。在这样一个撷取精华、剔除糟粕的过程中，内在的自我便会逐渐走向真实和强大。中年教师需要进步，也可以进步。陆老师就是一个最好的例证！

我还发现了一个很奇怪的现象：有个别年轻教师一直在“原地踏步”！为什么会这样呢？也许，这些过于自信的人，始终处于强势中，他们不善于聆听别人的建议，往往容易走向偏执，当然不会有明显的进步。古人云：兼听则明。这话是极有道理的！

成都师范大学陈大伟教授在《有效观课议课》一书中写道：“只要你还嫩绿，你就会继续成长；一等到你成熟了，你就开始腐烂。”读之，怦然心动！也许，朝向成熟的过程才更值得期许吧！一旦到达了某一目的地，且又无新目标时，人便容易走向颓废。目标在可视的远方，我们始终行走在路上，这种状态似乎更佳。

只要你还嫩绿，并抱着一种谦卑、纳悦的心态，何愁不进步呢？

## 自己的路，自己走

那日，儿子得知我要去上海检查身体，回到家后，他关心地问："老妈，你星期天要去上海检查身体，是吗？谁陪你去啊？"我笑着说："预约好了，当然要去啦！我自己去，谁会陪我啊？"儿子说："你可以叫奶奶陪呀！"我反对："奶奶七十多岁了！如果有个头疼脑热的，我还得照顾她！"儿子挠着头说："那你让大娘陪吧！"我说："大娘有自己的事情，我怎么好意思让她陪呢？"我接着说："自己的事只能自己做，就像你现在的学习一样，谁也没法帮助你，只能靠你自己！自己的路也只能自己走。"儿子听了，若有所思。



人在旅途，会遭遇很多事，这些事都得自己去承受，有时固然能向别人倾诉，但最终还是得自己去解决。美国耶鲁大学的谢利·卡根教授在死亡课程中提到，每个人的死亡都只能自己独自去体验，旁人是无法代劳的。他深刻剖析了死亡，将死亡看成一种自然的生理历程，讲述了死亡的好处和坏处，还死亡以真实的面目。死亡需要自己独自面对，其他事情又何尝不是如此？每个人学习、生活、工作中的每件事都得自己去经历和体验，旁人纵然能帮一些忙，但最终还得自己去选择和解决。

自己的路，自己走。这是多么朴实的一句话，却意味深长。比如，孩子的成长，我们能关心帮助，但无法代替，只能陪着他一路行走。又如，教师的业务学习，学校和培训机构也只能搭设平台、创造条件，学习本就是自己的事，旁人无法强加。吴非老师说，教师培训是教师自己的事。他声称，自己从没有参加过任何培训，但学习从未中断，一个人只要想学习，途径是有很多的。

生活中，不管面对什么，遭遇什么，有欢笑，有委屈，一路花香，一路风雨，自己的路，只能自己走。

## 只有你的脚知道

那日，我从安徽黄山的光明顶下来，气喘吁吁，路遇一位保洁工人，我便询问他："我们还有多久能到迎客松？"原以为他会告诉我们一个大致时间，让我们心里有数，未料他却说："我不知道，什么时候能到迎客松，只有你们的脚知道！"我听了，先是一愣，然后不禁莞尔。好有哲理的话语啊！一位普通的保洁工人却语出惊人，简单的话语中蕴含着大智慧。的确，严格地说，什么时候能到达某地，跟当事人的行进速度、体力、方向等息息相关，不同的人到达某一地点的时间是不同的。这位保洁工人的思维多么严密啊！他秉承了严谨治学的精神呢！

爬山如此，生活中大小诸事莫不如是。走到哪里或者走多远，都由我们的脚决定。路在每个人的脚下，何去何从全然由我们自己决定，旁人纵然能给出建议，但最终的选择权依然在我们自己的手中。

比如，教学质量是每个校长都关心的问题。是唯考试分数是举，还是关注学科素养的考查呢？这是摆在我们每个人面前的艰难选择。一直以来，我们重视知识和技能考试，一张试卷就能评价教学质量的优劣，简单易行，效果也比较明显。但从长远来看，如果要培养创造型人才，仅仅评价知识和技能是远远不够的。关注学科素养和过程评价，这是当前教育的趋势。吴江实验小学提出"一师一卷"，他们将考试权力下放给教师，更多关注教学过程的评价，将质量评价贯穿于整个学期的始终。虽然过程评价看起来有点"吃力不讨好"，但对于学生的终身发展是极为有益的。怎样用评价去推动学生的发展？路在我们脚下。

又如，教师的职业倦怠问题也是一所学校的主要工作。怎样调动教师的积极性？怎样让教师过一种幸福的教育生活？这些都值得每个管理者思考。是把教师当作教学的工人，还是自己服务的对象，这也是每一位校长所面临的选择。在特级教师窦桂梅的博客上，我看到了她写给每一位教师的生日祝福短信，嘘寒问暖，情真意切。她的工作那么繁忙，却依然在关心每一位教师，她是真正把教师的需要放在心上的，正所谓把教师"捧在手心里"！在这样如亲人一般的关心下，教师怎么可能不卖力工作呢？华东师范大学的周彬教授曾以婚姻为例解释了感情的重要性，他说，男女结婚时很少有人计较财产所属，离婚时却锱铢必较，为什么？人与人之间有感情就不会太在意物质，而一旦情感破裂，那就会斤斤计较了。校长怎样发挥教师的潜力？如何为教师的发展服务？路在我们脚下。

再如，校本课程的开发也是每个学校面临的艰巨任务，它的实施质量体现了一个学校的办学水平。特级教师程红兵说，如果校长没有人权和财权，就不要去谈什么课程改革。这话当然很有道理。但在目前这种人权、财权皆无的情况下，校长们是不是就无须作为了？清华大学附属小学提倡的“1＋X”课程是将三级课程整合起来，整体改组，逐步推进，这对于普通学校，实施难度相当大。那么校长是等着两个问题都解决了再行动，还是小打小闹先干起来呢？具体怎么做，路依然在脚下。

学校的管理工作千头万绪，涉及方方面面，与每个人息息相关，稍有疏忽便可能产生负面效应。有时，做正确的事比正确地做事更难。虽然，我们可以有不同的选择，我们的脚可以走向不同的方向，但以师生的发展为本，这总是正确的。

# 江苏凤凰教育出版社
# 《行知工程》系列丛书目录

| 系列 | 序号 | 书　　名 | 主编 | 定价 |
|---|---|---|---|---|
| 精彩课堂系列 | 1 | 《基于核心素养的数学教学》 | 赵红婷 | 35.00 |
| | 2 | 《中学生核心写作能力培养》 | 陶　波 | 36.00 |
| | 3 | 《给孩子更好的数学课堂》 | 易增加 | 30.00 |
| | 4 | 《小学生阅读素养的提升策略》 | 邵巧治 | 35.00 |
| | 5 | 《从语文素养走向生命成长——小学语文读写课堂教学密码》 | 曾海玲 | 30.00 |
| | 6 | 《真实的品德课》 | 朱淑秀 | 30.00 |
| | 7 | 《英语课堂学习共同体——新型的师生交互学习场》 | 杨延从 | 30.00 |
| | 8 | 《指导自主学习——初中数学学与教的研究与实践》 | 刘其武 | 30.00 |
| | 9 | 《玩出精彩的课堂——小学低年级教与学方式转变研究》 | 陶红松 | 30.00 |
| | 10 | 《让生命之花自主绽放——语文个性化教学建构策略》 | 商德远 | 30.00 |
| | 11 | 《让学生亲历知识——主体参与下体验式学习的实施策略》 | 何世祥 | 30.00 |
| 名校系列 | 12 | 《从校本课程走向学校课程——锡山高中课程探索之路》 | 唐江澎等 | 35.00 |
| | 13 | 《让每个孩子都成志——清华附小主题阅读课程的实施探索》 | 窦桂梅 | 30.00 |
| | 14 | 《让每个孩子都成志——清华附小主题实践课程的实施探索》 | 窦桂梅 | 35.00 |
| | 15 | 《向着朝阳走去——清华附小合作办学实践探索》 | 窦桂梅 | 30.00 |
| 教育求索系列 | 16 | 《学科建设与教师发展——中学数学》 | 杨志文 | 30.00 |
| | 17 | 《欣说教育那“一亩三分地”——一位一线教师的教育微思考》 | 王庆欣 | 30.00 |
| | 18 | 《爱的守望——一位一线教师对教育的坚守》 | 林卫红 | 30.00 |
| | 19 | 《思政教学的人文力量》 | 戴晓华 | 30.00 |
| | 20 | 《师道新说——给教育者的30条箴言》 | 徐　卫 | 30.00 |
| 创新教学探索系列 | 21 | 《把古文教活——激活文言文课堂的教学策略》 | 刘小华 | 35.00 |
| | 22 | 《做童年面前最合适的人——我和孩子们的“童化语文”》 | 曹丽秋 | 30.00 |
| | 23 | 《品世界名画，学精彩作文——特级教师的“名画”作文教学法》 | 李日芳 | 36.00 |
| | 24 | 《玩出精彩作文——张化万活动作文教学经典策略》 | 张化万 | 35.00 |
| | 25 | 《〈红楼梦〉里的语文课》 | 李日芳 | 30.00 |
| | 26 | 《让学生把母语用精彩——“语用课堂”的探索与实践》 | 佘小红 | 30.00 |
| | 27 | 《“备”出课堂精彩——备学式教学的课堂实践与思考》 | 张旭兰 | 30.00 |
| | 28 | 《神奇的阅读教室——带学生踏上美妙的阅读之旅》 | 李祖文 | 30.00 |

| 系列 | 序号 | 书名 | 主编 | 定价 |
| --- | --- | --- | --- | --- |
| 创新教学探索系列 | 29 | 《打造有生命力的课堂——“两步八环节”教学模式探索与实践》 | 查联智 | 30.00 |
| | 30 | 《最能培养学生探究能力的课堂——小学科学与信息技术单元整体课程实施与评价》 | 李怀源 | 30.00 |
| | 31 | 《最能激发学生运动天赋的课堂——小学体育单元整体课程实施与评价》 | 李怀源 | 30.00 |
| | 32 | 《最能提升学生艺术素养的课堂——小学艺术单元整体课程实施与评价》 | 李怀源 | 30.00 |
| | 33 | 《“生命语文”探索——焕发语文生命力的思考与实践》 | 王自成 | 30.00 |
| | 34 | 《粘连作文教学：让习作成为有个性的自我建构》 | 黄瑞夷 | 30.00 |
| | 35 | 《备学式教学——在体验中建构数学思维》 | 单广红　范雪梅 | 30.00 |
| | 36 | 《向着自主进发——自主教育的创新实施智慧》 | 朱亚红 | 30.00 |
| | 37 | 《写中学——让学习更有效的学科写作教学》 | 钟传祎 | 30.00 |
| | 38 | 《小学科学实验总动员——大科学课堂有效提升学生创新力》 | 江美华 | 30.00 |
| | 39 | 《小学语文单元整体课程实施与评价》 | 李怀源 | 30.00 |
| | 40 | 《小学英语单元整体课程实施与评价》 | 李怀源 | 30.00 |
| | 41 | 《小学数学单元整体课程实施与评价》 | 李怀源 | 30.00 |
| | 42 | 《让教学更能激发智慧——“思维碰撞”课堂的建构与实施》 | 程和方 | 30.00 |
| 教育思想者系列 | 43 | 《为什么而出发——一位研究者对教育本质的沉思》 | 齐　健 | 35.00 |
| | 44 | 《高效教学的道与术——陶继新教育讲演录》 | 陶继新 | 30.00 |
| | 45 | 《铸造一流教育品质——陶继新区域教育巡礼》 | 陶继新 | 35.00 |
| | 46 | 《名校之道——陶继新对话名校长（1）》 | 陶继新 | 30.00 |
| | 47 | 《名校之道——陶继新对话名校长（2）》 | 陶继新 | 35.00 |
| | 48 | 《教育，一切从孩子出发》 | 黄　俭 | 30.00 |
| 名师成长系列 | 49 | 《情怀·智慧·境界——教育名家演讲录（1）》 | 钟惠河　李韫琬 | 30.00 |
| 校长领导力系列 | 50 | 《学校细节管理的执行力》 | 林文明　王林发 | 30.00 |
| | 51 | 《校长智慧统筹的领导力》 | 谢耀丰　蔡丽姗　王林发 | 30.00 |
| | 52 | 《学校持续发展的研究力》 | 林文智　宋佳敏　王林发 | 30.00 |
| | 53 | 《学校和谐融洽的协作力》 | 陈一平　郭雪莹　王林发 | 30.00 |
| | 54 | 《学校教育提升的引领力》 | 谢文东　关敏华　王林发 | 30.00 |
| | 55 | 《学校团队成长的学习力》 | 黄纪　蔡美静　王林发 | 30.00 |
| | 56 | 《学校高效管理的创新力》 | 张旭 | 30.00 |
| | 57 | 《学校成功管理的决策力》 | 邱黎明 | 30.00 |

| 系列 | 序号 | 书　　名 | 主编 | 定价 |
| --- | --- | --- | --- | --- |
| 校长领导力系列 | 58 | 《高品质学校生长要素》 | 王益民 | 30.00 |
| | 59 | 《校长高效教学领导力提升策略》 | 徐世贵　郭文竒 | 30.00 |
| 新思维系列 | 60 | 《让后进生学习有后劲之36计》 | 严育洪 | 30.00 |
| | 61 | 《教育中的"不一定"——打破教育的19种思维惯式》 | 严育洪 | 30.00 |
| 教师修炼系列 | 62 | 《如何炼就课堂好声音——教师美嗓保健实用宝典》 | 薛建洲 | 30.00 |
| | 63 | 《与学生一起成长——90后教师的心路反思》 | 王　晗 | 30.00 |
| | 64 | 《教育，爱与宽容——教师心灵礼仪修炼》 | 许力争 | 30.00 |
| 教育家核心思想系列 | 65 | 《叶圣陶论写作》 | 叶圣陶 著<br>李怀源 选编 | 30.00 |
| | 66 | 《叶圣陶谈阅读》 | 叶圣陶 著<br>李怀源 选编 | 30.00 |
| | 67 | 《多元智能理论的本土化应用》 | 刘治富 | 30.00 |
| | 68 | 《大教育家最具施教力的教学思想》 | 白刚勋 | 30.00 |
| 学生心理解码系列 | 69 | 《在人生的春天播种——十四岁，写给青春的一封信》 | 白宏宽 | 30.00 |
| | 70 | 《孩子问题行为一点通<br>——只有好老师才知道的学生心理谜底》 | 严育洪 | 30.00 |
| 校本研修系列 | 71 | 《徜徉语文教研》 | 肖俊宇 | 35.00 |
| | 72 | 《校本研修资源的开发与利用》 | 陈朝林 | 30.00 |
| | 73 | 《校本研修与教师专业成长》 | 吴积军 | 30.00 |
| | 74 | 《卓越教师经典研修成长策略》 | 刘天宝等 | 30.00 |
| | 75 | 《特色校本课程开发范例解读》 | 刘永平　李秀伟<br>张雪梅 | 30.00 |
| | 76 | 《高效校本研修模型构建艺术》 | 刘素雁 | 30.00 |
| | 77 | 《走向实践的教研——中小学教育科研引领与应用》 | 江　敏 | 30.00 |
| 教育管理力系列 | 78 | 《缔造唯美教育——延奎小学素质教育实施策略》 | 易增加 | 30.00 |
| | 79 | 《让普通学校崛起的20个细节——"生命为本"教育团队成长密码》 | 李其玉 | 30.00 |
| | 80 | 《"走"出教育的精彩：走动式学校管理文化构建》 | 罗　军 | 30.00 |
| | 81 | 《校长兵法：学校管理四十六计》 | 皮大鹏 | 30.00 |
| 班级文化系列 | 82 | 《活力班级的文化建设》 | 胡　珏 | 30.00 |
| | 83 | 《做幸福的班主任》 | 吕　丽 | 26.00 |

| 系列 | 序号 | 书　　名 | 主编 | 定价 |
| --- | --- | --- | --- | --- |
| 高效能教学系列 | 84 | 《高效能教师的10个好习惯（中学卷）》 | 张　瑾 | 30.00 |
| | 85 | 《让作文落地生根——提高写作实效的教学策略》 | 黄桂林 | 30.00 |
| | 86 | 《高效能作文教学5项修炼》 | 陈步华 | 30.00 |
| | 87 | 《高效能校长的10个好习惯》 | 张　勤 | 30.00 |
| | 88 | 《高效能教师的10个好习惯（小学卷）》 | 谢　英 | 30.00 |
| | 89 | 《高效能语文教学5项修炼》 | 王其华 | 30.00 |
| 新课程探索系列 | 90 | 《语文新课程的批判与重建》 | 葛桂斌 | 30.00 |
| 美国名师教学译丛 | 91 | 《美国名师游戏教学本土化应用：幼儿园》 | （美）玛西娅 L. 泰特 著<br>胡珍　瞿菁　编译 | 30.00 |
| | 92 | 《美国名师游戏教学本土化应用：小学英语》 | （美）玛西娅 L. 泰特 著<br>杨永华　张心影　编译 | 30.00 |
| | 93 | 《美国名师游戏教学本土化应用：小学数学》 | （美）玛西娅 L. 泰特 著<br>谢艳红　编译 | 30.00 |
| | 94 | 《美国名师游戏教学本土化应用：小学科学》 | （美）玛西娅 L. 泰特 著<br>刘丽萍　编译 | 30.00 |
| | 95 | 《美国名师游戏教学本土化应用：小学社会》 | （美）玛西娅 L. 泰特 著<br>姜梅芳　编译 | 30.00 |
| | 96 | 《美国名师游戏教学本土化应用：小学音体美》 | （美）玛西娅 L. 泰特 著<br>尹立志　编译 | 30.00 |
| 鲁派名师名校·教育探索者系列 | 97 | 《悦读立人——校园阅读文化体系构建策略》 | 杨世臣 | 30.00 |
| | 98 | 《教育智慧何处来——一位特级教师的思考手记》 | 付立金 | 30.00 |
| | 99 | 《和雅文化——校本课程的创新构建》 | 汤善香 | 30.00 |
| | 100 | 《让个性绽放精彩——学校课程体系整合与创生》 | 谢建伟　徐淑萍 | 30.00 |
| | 101 | 《让每个学生都幸福——最能润泽生命的学校文化建设》 | 谢建伟　张新喜 | 30.00 |
| 生态化校园系列 | 102 | 《文化管理——构建生态和谐校园的必由之路》 | 付全新 | 30.00 |
| | 103 | 《点燃学习的激情——构建校园生态化学习型组织》 | 杨树岳 | 30.00 |
| | 104 | 《课改突围——构建学校生态化教学体系》 | 杨树岳 | 30.00 |
| 教育新思考系列 | 105 | 《语文教育向何处去》 | 王　丛 | 26.00 |
| | 106 | 《教育，就是做好普通的事》 | 孙志毅 | 27.00 |
| | 107 | 《走出语文的偏见——让学生体悟文本的原义》 | 丛智芳 | 30.00 |
| | 108 | 《让语文教学更高效——批注式阅读教学探索》 | 韩中凌 | 30.00 |
| | 109 | 《读写互促——探寻学以致用的语文教学》 | 曹　龙 | 30.00 |
| | 110 | 《跳出数学教数学——用文化融通数学教学》 | 马建秀 | 27.00 |

| 系列 | 序号 | 书　　名 | 主编 | 定价 |
|---|---|---|---|---|
| 名师感悟系列 | 111 | 《让心灵伴着歌声成长——22位音乐名师的教育智慧》 | 陈　璞 | 30.00 |
| | 112 | 《超越自我的教师——32位名师的成长感悟》 | 李卫东　李秀伟 | 35.00 |
| | 113 | 《心灵的守护者——19位名班主任的教育智慧》 | 王晓松　曲文弘 | 30.00 |
| | 114 | 《名师感悟班主任有效工作艺术90例》 | 符礼科 | 30.00 |
| | 115 | 《名师感悟有效教学90例》 | 林高明　徐玉烟 | 30.00 |
| 信息化教学系列 | 116 | 《巧用白板教语文——信息技术与语文教学操作指南》 | 蒋丽清 | 30.00 |
| | 117 | 《跨越式实现高效课堂——信息技术与课程整合高效教学方案评析》 | 陈　玲　刘　禹 | 30.00 |
| 教师必读系列 | 118 | 《教师必学的16堂修养课》 | 武宏伟 | 30.00 |
| | 119 | 《教师不可不知的教学心理效应》 | 叶勇军 | 30.00 |
| | 120 | 《班主任不可不知的管理效应》 | 奚一琴 | 30.00 |
| | 121 | 《教师不可不知的教育心理效应》 | 孙　媛 | 30.00 |
| | 122 | 《校长不可不知的管理效应》 | 谢申刚　张金豹 | 30.00 |
| | 123 | 《成为好教师的7项修炼》 | 王福强　李维华 | 30.00 |
| | 124 | 《如何让学生会学习》 | 龙　冰 | 30.00 |
| | 125 | 《如何让学生爱学习》 | 周震宇　许小燕 | 30.00 |
| 核心教学主张系列 | 126 | 《新生代语文名师核心教学主张》 | 许友兰 | 30.00 |
| 行思讲坛系列 | 127 | 《灵动而朴素地教语文——潘文彬的微格教育生活》 | 潘文彬 | 30.00 |
| | 128 | 《师爱无疆——润泽学生心灵的教育故事》 | 侯忠彦 | 30.00 |
| | 129 | 《怎样反思更有效——促进教师专业发展的反思策略》 | 诸贝贝 | 30.00 |
| | 130 | 《成为高度自觉的教育者——写给后课标时代的数学教师》 | 许卫兵 | 30.00 |
| | 131 | 《哲思数学课》 | 刘全祥 | 30.00 |
| | 132 | 《智慧数学课——黄爱华教学思维的实践策略》 | 黄爱华 | 30.00 |
| | 133 | 《童趣数学课》 | 徐　芳 | 30.00 |
| | 134 | 《把学生教聪明》 | 严育洪 | 30.00 |
| | 135 | 《教师最应该规避的教育误区》 | 杨坤道 | 30.00 |
| | 136 | 《用语文的方式教语文——潘文彬教学主张与实践智慧》 | 潘文彬 | 30.00 |
| | 137 | 《怎样让阅读教学更有效——提升教学能力的十种读诵模式》 | 汪秀梅 | 28.00 |

| 系列 | 序号 | 书名 | 主编 | 定价 |
| --- | --- | --- | --- | --- |
| 行思讲坛系列 | 138 | 《让生命在润泽中起舞<br>——当代小学生最需要的主题班会》 | 吴联星　罗　琳<br>冯卫东 | 30.00 |
| | 139 | 《让生命欢快拔节<br>——当代中学生最需要的主题班会》 | 冯卫东　吴联星 | 30.00 |
| | 140 | 《课堂因生成而精彩——高效教学的生成智慧》 | 张文质 | 30.00 |
| | 141 | 《回到每一个人的生命化教育<br>——张文质二甲中学教育行动录》 | 张文质 | 30.00 |
| 中国教育变革之路丛书 | 142 | 《百年树人师何为——教师队伍建设困顿与出路》 | 将丽珠　李玉向 | 30.00 |
| | 143 | 《入园何时不再难——学前教育困惑与抉择》 | 曾晓东<br>范　昕　周　慧 | 30.00 |
| | 144 | 《三尺书桌何处寻——流动人口子女教育困难与破解》 | 范先佐 | 30.00 |
| | 145 | 《苦旅何以得纾解——高考改革困境与突破》 | 郑若玲 | 30.00 |
| | 146 | 《择校纠结何时了——择校问题困局与治理》 | 曾晓东　周文海<br>曾娅琴 | 30.00 |
| 创新教学思想系列 | 147 | 《“大问题”教学的形与神》 | 黄爱华　张文质 | 30.00 |
| 教育漫笔系列 | 148 | 《课堂，诗意地栖居》 | 吴书华 | 30.00 |
| 教学提升系列 | 149 | 《有思想地教阅读——让学生学会品读文字真意》 | 王学东 | 30.00 |
| 教育艺术提升系列 | 150 | 《藏在师生体态语言里的教学智慧》 | 张　宇　廖生波 | 30.00 |
| 教学全手册系列 | 151 | 《小学习作教学全手册》 | 郭家海 | 30.00 |
| | 152 | 《中学写作教学全手册》 | 郭家海 | 30.00 |
| | 153 | 《情境教学操作全手册》 | 冯卫东 | 35.00 |
| | 154 | 《合作教学操作全手册》 | 李春华 | 35.00 |
| | 155 | 《探究教学操作全手册》 | 周新桂 | 35.00 |
| | 156 | 《自主教学操作全手册》 | 诸葛彪 | 35.00 |
| | 157 | 《创新教学操作全手册》 | 王　玮 | 35.00 |

| 系列 | 序号 | 书名 | 主编 | 定价 |
| --- | --- | --- | --- | --- |
| 教学全手册系列 | 158 | 《班主任工作全手册》 | 刘沛华 | 35.00 |
| | 159 | 《新教师工作全手册》 | 周震宇 | 35.00 |
| | 160 | 《学生心理健康教育全手册》 | 刘海莉　刘春杰 | 35.00 |
| | 161 | 《高效教学操作全手册》 | 马友平 | 35.00 |
| 创新人才培养系列 | 162 | 《创新人才培养校园科普精品课程开发与指导<br>——人大附中创新人才培养》 | 罗　滨 | 30.00 |
| | 163 | 《创新人才培养特色校本课程开发与创新人才培养<br>——清华附中“国际安全下的科学技术”课程构建与实施》 | 王殿军　方　研<br>赵宏雁 | 30.00 |
| | 164 | 《创新人才培养：学校实验室建设与管理》 | 刘克文<br>杨发丽　杨　平 | 30.00 |
| | 165 | 《创新人才培养：数学探究活动开发与指导》 | 马云朋　韩继伟 | 30.00 |
| | 166 | 《创新人才培养：化学研究活动开发与指导》 | 王　磊 | 30.00 |
| | 167 | 《创新人才培养：物理探究活动开发与指导》 | 廖伯琴 | 30.00 |
| | 168 | 《创新人才培养：地理探究活动开发与指导》 | 张建珍　陈　澄 | 30.00 |
| | 169 | 《创新人才培养：生物探究活动开发与指导》 | 张迎春 | 30.00 |
| | 170 | 《创新人才培养：理念探索与思维突破》 | 王晶莹 | 30.00 |
| 新生代通派名师系列 | 171 | 《简约数学教学》 | 许卫兵 | 30.00 |
| | 172 | 《语文教学的本真——情意课堂展现母语之美》 | 吴建英 | 30.00 |
| | 173 | 《语文课堂的理想追求——欢快达成三维目标》 | 董一红 | 30.00 |
| | 174 | 《阅读教学的真髓——意象构建读出文学的真美》 | 祝　禧 | 30.00 |
| | 175 | 《美术教育的真谛——审美人生教育让生命绚丽成长》 | 陈铁梅 | 30.00 |
| | 176 | 《语文教学的理想境界——无痕教学润泽生命》 | 李　凤 | 30.00 |
| | 177 | 《儿童作文的本义——嬉乐作文让儿童乐并成长着》 | 王笑梅 | 30.00 |
| | 178 | 《名师是怎样炼成的》 | 王建明　王笑君 | 35.00 |
| 幼师成长系列 | 179 | 《幼儿行为背后——教师如何读懂幼儿的心思》 | 吴亚英 | 30.00 |
| | 180 | 《最具教育力的22种幼儿教育思想》 | 杨　达 | 30.00 |
| | 181 | 《幼儿教师必知的安全应急措施》 | 杨　达 | 30.00 |
| | 182 | 《幼儿教师必备的教育技能》 | 李　玲 | 30.00 |
| | 183 | 《卓越园长21条幼儿园管理策略》 | 周　丹　江东秋 | 30.00 |